何毅亭——

著

論中國特色社會主義制度

新民主出版社有限公司
SINMINCHU PUBLISHING CO. LTD.

論中國特色社會主義制度

何毅亭　著

責任編輯	梁健彬
裝幀設計	明　志
排　　版	賴艷萍
印　　務	劉漢舉

出版　　新民主出版社有限公司
　　　　香港九龍紅磡馬頭圍道 39 號釘磡商業中心 A 座 1105-1107 室

發行　　香港聯合書刊物流有限公司
　　　　香港新界大埔汀麗路 36 號
　　　　中華商務印刷大廈 3 字樓
　　　　電話：(852) 2150 2100　傳真：(852) 2407 3062
　　　　電子郵件：info@suplogistics.com.hk

印刷　　美雅印刷製本有限公司
　　　　香港觀塘榮業街 6 號海濱工業大廈 4 樓 A 室

版次　　2020 年 4 月第 1 版第 1 次印刷
　　　　©2020 新民主出版社

規格　　16 開（210mm x 148mm）

ISBN　　978-962-3360-99-9

目錄

中國特色社會主義制度好在哪裏

中國特色社會主義制度是具有鮮明中國特色、顯著制度優勢、強大自我完善能力的先進制度，為中華民族迎來從站起來、富起來到強起來的偉大飛躍提供了根本制度保證。「中國之治」的核心密碼正在於「中國之制」。

中國特色社會主義制度具有獨特創造性

一個國家選擇甚麼樣的國家制度，是由這個國家

的歷史傳承、文化傳統、經濟社會發展水平決定的，
是由這個國家的人民決定的。中國特色社會主義制度
從我國悠久的政治文化傳統中生長起來，從近代以後
中國反抗外來侵略、爭取民族獨立和人民解放的鬥爭
中生長起來，從社會主義事業的艱苦創立和艱辛探索
中生長起來，是中國共產黨和中國人民的偉大創造，
也是人類制度文明史上的偉大創造。

　　這個制度的創造性在於，它是馬克思主義社會形
態理論在中國的創造性實踐，是科學社會主義學說在
制度層面的具體化，是社會主義制度在中國的實現形
式。社會主義從理論到實踐再到多國實踐乃至發展到
今天的全部歷程表明，社會主義制度是一般形態與特
殊形態的統一體。社會主義制度一般形態的原理已經
由馬克思、恩格斯和列寧等經典作家作出科學回答，
這個一般形態只有通過一個個具體國家的社會主義制
度才能體現出來，只有呈現為具體的民族形態、時代
形態、國別形態才是現實的。也就是説，社會主義制

度的實現形態沒有也不可能有適合各國情況的統一模式，只能是把科學社會主義基本原理同各國實際和時代特徵相結合，走符合本國國情的社會主義道路，建立有本國特色的社會主義制度。鄧小平同志指出：「馬克思列寧主義的普遍真理與本國的具體實際相結合，這句話本身就是普遍真理。」

這個制度的創造性在於，它是中國共產黨領導中國人民在革命、建設、改革長期實踐探索中形成的科學制度體系。我們黨在革命、建設、改革歷程中，依據馬克思主義基本原理，從我國國情出發，凝聚人民群眾的智慧和力量，持續建構科學、規範、穩定的制度體系，為國家發展提供了制度保障和制度支撐。新中國成立後，人民代表大會制度、中國共產黨領導的多黨合作和政治協商制度等的建立，奠定了中華民族從站起來、富起來走向強起來的制度基礎。改革開放以來，通過各方面體制機制的改革創新，我國國家制度和國家治理體系不斷完善。中國特色社會主義制度

由一整套制度構成嚴密完整、系統集成的制度體系，包括黨的領導制度體系、人民當家作主制度體系、中國特色社會主義法治體系、中國特色社會主義政府治理體系、社會主義基本經濟制度、社會主義先進文化制度、民生保障制度、社會治理制度、生態文明制度體系、黨對人民軍隊的絕對領導制度、「一國兩制」制度體系、對外事務制度、黨和國家監督體系等方面。在中國特色社會主義制度體系中，起四樑八柱作用的是根本制度、基本制度、重要制度，其中具有統領地位的是黨的領導制度。我國國家治理一切工作和活動都依照中國特色社會主義制度展開，形成覆蓋各方面各領域的國家治理體系和治理能力，保障國家生活和社會生活正常運轉。

這個制度的創造性在於，它是中國共產黨為人類探索更好社會制度所提供的中國方案。西方一些人認為，西方制度是實現現代化的唯一選擇，是普世的制度模式。歷史終結論者則宣稱，資本主義自由民主制

度是「人類意識形態進化的終點」和「人類最後一種統治形式」。新中國七十年的實踐向世界説明一個真理：治理一個國家、推動一個國家實現現代化，並不是只有選擇西方制度模式這一條道路，各國完全可以走出自己的道路來。每個國家、每個民族都有權選擇適合自己的制度，開創具有本國特色的現代化道路。中國特色社會主義制度的巨大成功，就是有力證明。「中國之治」及其展現的中國特色社會主義制度優勢，向世界展示了現代化道路的多樣性、人類文明的豐富性以及國家制度和國家治理體系的可選擇性，為發展中國家走向現代化提供了全新選擇。

中國特色社會主義制度具有巨大優越性

看一個制度好不好、優越不優越，應當從政治上、大的方面去評判和把握，主要看是否符合國情、是否有效管用、是否得到人民擁護。「鞋子合不合腳，自己穿了才知道。」世界上沒有完全相同的政治

制度模式，政治制度不能脫離特定的社會政治條件和歷史文化傳統來抽象評判，更不能生搬硬套外國政治制度模式。

中國特色社會主義制度是有多方面顯著優勢的國家制度。習近平同志在慶祝全國人民代表大會成立六十週年大會上的重要講話中提出了衡量政治制度「八個能否」的標準，指出：評價一個國家政治制度是不是民主的、有效的，主要看國家領導層能否依法有序更替，全體人民能否依法管理國家事務和社會事務、管理經濟和文化事業，人民群眾能否暢通表達利益要求，社會各方面能否有效參與國家政治生活，國家決策能否實現科學化、民主化，各方面人才能否通過公平競爭進入國家領導和管理體系，執政黨能否依照憲法法律規定實現對國家事務的領導，權力運用能否得到有效制約和監督。黨的十九屆四中全會從十三個方面凝練概括的中國特色社會主義制度的顯著優勢，體現了「八個能否」的衡量標準，證明中國特

色社會主義制度是一個行得通、真管用、有效率的制度。中國特色社會主義制度之所以具有十三個方面的顯著優勢，很重要的在於我們黨把開拓正確道路、發展科學理論、建設有效制度有機統一起來，用中國化的馬克思主義、發展着的馬克思主義指導國家制度建設，及時把成功實踐經驗轉化為制度成果，使我國國家制度既體現科學社會主義基本原則，又具有鮮明的中國特色、民族特色、時代特色；很重要的還在於這個制度從來不排斥任何有利於中國發展進步的他國國家治理經驗，而是博採眾長，堅持以我為主、為我所用，去其糟粕、取其精華，能夠在自我完善和發展中長期保持和不斷增強自己的優越性。中國特色社會主義制度是保證人民當家作主的國家制度。我國是工人階級領導的、以工農聯盟為基礎的人民民主專政的社會主義國家，國家的一切權力屬於人民。中國特色社會主義制度堅持黨的領導、人民當家作主、依法治國有機統一，把黨的領導作為人民當家作主和依法治國的根本保證，把人民當家作主作為社會主義民主政治

的本質特徵，把依法治國作為黨領導人民治理國家的
基本方式，推動三者統一於我國社會主義民主政治
偉大實踐。習近平同志強調：「民主不是裝飾品，不
是用來做擺設的，而是要用來解決人民要解決的問題
的。」我國的人民當家作主制度，具體地、現實地體
現在中國共產黨執政和國家治理之中，具體地、現實
地體現在黨和國家機關各個方面、各個層級的工作之
中，具體地、現實地體現在人民依法通過各種途徑和
形式管理國家事務、管理經濟和文化事業、管理社會
事務的實踐之中，是服務全體人民、保障全體人民根
本權益的制度，而不是為某一個特定階級、特定集團
利益服務的制度。這正是中國特色社會主義制度與資
本主義制度的根本區別所在，也是中國特色社會主義
制度有效運行、不斷完善、鞏固發展的基礎所在。

　　中國特色社會主義制度是解放和發展社會生產
力、增強社會活力的國家制度。新中國成立以來特別
是改革開放以來，中國共產黨帶領中國人民取得的發

展成就和治理成就舉世矚目。從一窮二白到經濟總量
穩居世界第二，從人民溫飽不足到進入世界中等收入
國家行列，從物資短缺到成為全球貨物貿易第一大
國，從封閉半封閉到參與全球治理，從世界體系邊緣
到日益走近世界舞台中央，中國經歷如此巨變，用幾
十年時間走完了發達國家幾百年走過的工業化歷程。
我國經濟快速發展奇跡和社會長期穩定奇跡，從根本
上說正是中國特色社會主義制度的奇跡。中國特色社
會主義制度具有的強大生命力和巨大優越性，集中到
一點，就是這個制度能夠持續推動擁有近十四億人口
大國進步和發展、確保擁有五千多年文明史的中華民
族實現「兩個一百年」奮鬥目標進而實現偉大復興。

中國特色社會主義制度與時俱進，
不斷完善和發展

　　恩格斯説過：「所謂『社會主義社會』不是一種
一成不變的東西，而應當和任何其他社會制度一樣，

把它看成是經常變化和改革的社會。」特別是在中國這樣一個經濟文化落後的半殖民地半封建的東方大國奪取全國政權、建立社會主義制度，是馬克思主義發展史上的嶄新課題，更要把馬克思主義基本原理同中國具體實際相結合，不斷探索實踐，不斷改革創新。實踐證明，中國特色社會主義制度是在改革開放中與時俱進、不斷實現自我完善和發展的制度。

中國特色社會主義制度是特色鮮明、富有效率的好制度，但還不是成熟定型、盡善盡美的制度。相比我國經濟社會發展的要求和人民群眾的期待，相比當今世界正經歷百年未有之大變局的新形勢，相比實現國家長治久安的偉大目標，我國國家制度和國家治理體系還有不少亟待改進的地方，中國特色社會主義制度達到更加成熟更加定型依然任重道遠。新時代，必須適應國家現代化總進程，提高黨科學執政、民主執政、依法執政水平，提高國家機構履職能力，提高人民群眾依法管理國家事務、經濟社會文化事務、自身

事務的能力，實現黨、國家、社會各項事務治理制度化、規範化、程序化，不斷提高運用中國特色社會主義制度有效治理國家的能力。黨的十九屆四中全會圍繞在我國國家制度和國家治理體系上應該「堅持和鞏固甚麼、完善和發展甚麼」這個重大政治問題，明確了各項制度必須堅持的根本點和完善發展的方向，並且作出了工作部署。這次全會既闡明了必須牢牢堅持的重大制度和原則，又部署了需要深化的重大體制機制改革、需要推進的重點工作任務，體現了守正創新的科學方法論，體現了系統集成、協同高效的制度特色，體現了強烈的問題導向，為新時代堅持和完善中國特色社會主義制度、推進國家治理體系和治理能力現代化指明了努力方向，為推動各方面制度更加成熟更加定型提供了基本遵循。

新時代堅持和完善中國特色社會主義制度、推進國家治理體系和治理能力現代化，是有方向、有立場、有原則的。習近平同志強調：「我們全面深化改

革，不是因為中國特色社會主義制度不好，而是要使它更好；我們説堅定制度自信，不是要固步自封，而是要不斷革除體制機制弊端，讓我們的制度成熟而持久。」習近平同志還指出，「推進國家治理體系和治理能力現代化，絕不是西方化、資本主義化」。中國是一個大國，在涉及國家制度這樣的根本性問題上，在涉及發展方向的大是大非面前，絕不講模棱兩可的話，絕不做遮遮掩掩的事，絕不犯顛覆性錯誤。我們要在堅持和鞏固已經建立起來並經過實踐檢驗的根本制度、基本制度、重要制度前提下，堅持解放思想、實事求是、與時俱進、求真務實，以堅持和完善中國特色社會主義制度、推進國家治理體系和治理能力現代化為主軸，深刻把握我國發展要求和時代潮流，堅決破除一切不合時宜的思想觀念和體制機制弊端，繼續深化各領域各方面體制機制改革，深入把握制度建設規律，注重改革系統性、整體性、協同性，善於總結實踐經驗和基層創造，及時將理論創新、實踐創新

成果上升到制度層面，使中國特色社會主義制度優越性不斷增強、充分彰顯。

（原載《人民日報》2019 年 12 月 26 日）

馬克思主義國家學說的新發展——黨的十九屆四中全會的「九個首次」

　　黨的十九屆四中全會審議通過的《中共中央關於堅持和完善中國特色社會主義制度、推進國家治理體系和治理能力現代化若干重大問題的決定》（以下簡稱《決定》），是當代中國馬克思主義國家學說的標誌性成果，是新時代國家制度和國家治理體系建設舉旗定向的政治宣言，既有許多理論上的新概括，又有

許多實踐上的新舉措。全會和《決定》創造了若干個「首次」，大的方面有以下九個。

首次用一次黨的中央全會專門研究我國國家制度和國家治理問題

堅持和完善中國特色社會主義制度、推進國家治理體系和治理能力現代化，是關係黨和國家事業興旺發達、國家長治久安、人民幸福安康的重大問題，是實現「兩個一百年」奮鬥目標的重大任務，是把新時代改革開放推向前進的根本要求，是應對風險挑戰、贏得主動的有力保證。黨的十九屆四中全會專門就這個重大問題進行研究部署並作出決定，在中國共產黨的歷史上還是第一次。這是以習近平同志為核心的黨中央從政治上、全域上、戰略上全面考量，立足當前、着眼長遠作出的重大決策，充分體現了高瞻遠矚的戰略眼光和勵精圖治的歷史擔當。

　　回顧社會主義從誕生到現在的整個過程，在中國這樣經濟文化落後的東方大國奪取全國政權、建立社會主義制度、進而建設社會主義現代化強國，是馬克思主義發展史上的嶄新課題。同樣，在中國這樣具有超長時間歷史縱深、超大幅員國土面積、超大數量人口規模、超常複雜民族結構、超大規模經濟體量的發展中國家建立和完善社會主義國家制度和國家治理體系，馬克思主義經典作家沒有說過，以往的世界社會主義實踐中也沒有現成模式可以學習，是極其艱巨的任務。中國共產黨迎難而上，堅持把馬克思主義基本原理同中國具體實際相結合，不斷探索實踐，不斷改革創新，建立和完善社會主義制度，形成和發展黨的領導和經濟、政治、文化、社會、生態文明、軍事、外事等各方面制度，加強和完善國家治理，取得歷史性成就。特別是黨的十八大以來，以習近平同志為核心的黨中央領導全黨全國人民堅持和完善中國特色社會主義制度，推進國家治理體系和治理能力現代化取得重大理論成果、實踐成果、制度成果。社會主義

中國的制度成就，是人類制度文明史上的偉大創造，是很了不起的。黨的十九屆四中全會全面總結黨領導人民在探索中國特色社會主義實踐中，在我國國家制度建設和國家治理方面取得的成就、積累的經驗、形成的原則，系統闡述堅持和完善中國特色社會主義制度、推進國家治理體系和治理能力現代化的重大意義、總體要求、科學內涵、實踐途徑，是習近平新時代中國特色社會主義思想最新重大成果。這個重大成果，從制度形態上科學回答了新時代堅持和發展甚麼樣的中國特色社會主義、怎樣堅持和發展中國特色社會主義的根本問題，是中國共產黨對馬克思主義和科學社會主義的重大歷史性貢獻。

首次闡明中國特色社會主義制度與國家治理體系和治理能力之間的關係

馬克思主義告訴我們，無產階級奪取政權以後不能簡單地運用現成的國家機器來達到自己的目的，必

須建立無產階級專政的政權機構來代替統治階級的國家機器。中國特色社會主義制度和國家治理體系，就是中國共產黨團結帶領中國人民在推翻帝國主義、封建主義和官僚資本主義的反動統治之後，創造性地運用馬克思主義國家學説，在不斷探索和實踐中建立起來的保證億萬人民當家作主的全新國家制度和國家治理體系。

中國特色社會主義制度和國家治理體系的形成和發展，借鑒了我們黨領導新民主主義革命時期在根據地執政的寶貴經驗，經歷了新中國成立後二十九年、黨的十一屆三中全會後三十四年、黨的十八大以來七年這三個大的歷史發展階段，是黨和人民長期奮鬥、接力探索，歷盡千辛萬苦、付出巨大代價取得的。《決定》首次作出「中國特色社會主義制度是黨和人民在長期實踐探索中形成的科學制度體系」的新概括，正是對我國國家制度和國家治理體系形成歷程的科學總結。習近平總書記強調，國家治理體系是在黨

領導下管理國家的制度體系，國家治理能力則是運用
國家制度管理社會各方面事務的能力。《決定》進一
步明確提出，我國國家治理一切工作和活動都依照中
國特色社會主義制度展開，我國國家治理體系和治理
能力是中國特色社會主義制度及其執行能力的集中體
現。這段話第一次闡明了中國特色社會主義制度與國
家治理體系和治理能力之間的內在關係，具有重要的
理論意義和實踐意義。

國家制度是國家治理的根本依據和內核，國家
治理的一切工作和活動都依照國家制度展開。治理
國家，制度無疑起根本性、全域性、長遠性作用。但
是，如果沒有有效的治理能力，再好的制度和治理體
系也難以發揮作用。國家制度和國家治理體系同國家
治理能力雖然有緊密聯繫，但又不是一回事，不是國
家制度越成熟、國家治理體系越完善，國家治理能力
就自然而然地越強。所以，《決定》明確提出把提高
治理能力作為新時代幹部隊伍建設的重大任務，通過

加強思想淬煉、政治歷練、實踐鍛煉、專業訓練，推動廣大幹部嚴格按照制度履職盡責、行使權力、開展工作，提高推進「五位一體」總體佈局和「四個全面」戰略佈局等各項工作能力和水平。認真落實《決定》要求，努力把各級幹部、各方面管理者的綜合素質都提高起來，努力把黨和國家機關、企事業單位、人民團體等的管理能力和工作能力都提高起來，整個國家的治理能力才能大幅度提升，國家治理體系才能更加有效運轉，我國制度優勢才能更好轉化為國家治理效能。

首次從十三個方面凝練概括了我國
國家制度和國家治理體系具有的顯著優勢

制度優勢是一個國家的最大優勢，制度競爭是國家間最根本的競爭。制度穩則國家穩，制度強則國家強。新中國成立七十年來，中華民族之所以能迎來從站起來、富起來到強起來的偉大飛躍，最根本的是因

為黨領導人民建立和完善了中國特色社會主義制度，
不斷加強和完善國家治理，使我國國家制度和國家治
理體系在國際競爭中贏得越來越大的比較優勢，展現
出強大的生機活力。《決定》系統總結我國國家制度
和國家治理體系具有的十三個顯著優勢，科學揭示新
中國七十年發展成就的制度原因，有利於增強全黨全
國各族人民制度自信，有利於推動我國國家制度和國
家治理體系的多方面優勢更加充分地發揮出來。世界
上沒有完全相同的政治制度模式，各個國家的政治制
度不可能定於一尊。「鞋子合不合腳，自己穿了才知
道」。中國特色社會主義制度和國家治理體系，是在
中國社會的土壤中生長起來的，是經過革命、建設、
改革長期實踐形成起來的，是植根於中華民族五千多
年文明史所積澱的深厚歷史文化傳統、吸收借鑒人類
制度文明有益成果豐富起來的，集中體現了中國特色
社會主義的特點和優勢。習近平總書記 2014 年在慶
祝全國人民代表大會成立六十週年大會上的講話中精
闢指出：評價一個國家政治制度是不是民主的、有效

的，主要看國家領導層能否依法有序更替，全體人民能否依法管理國家事務和社會事務、管理經濟和文化事業，人民群眾能否暢通表達利益要求，社會各方面能否有效參與國家政治生活，國家決策能否實現科學化、民主化，各方面人才能否通過公平競爭進入國家領導和管理體系，執政黨能否依照憲法法律規定實現對國家事務的領導，權力運用能否得到有效制約和監督。《決定》概括的十三個顯著優勢，是用「八個能否」來衡量中國特色社會主義實踐得出的科學結論，由此證明：我國國家制度和國家治理體系是一套行得通、真管用、有效率的制度和治理體系，不僅保障了我國創造出世所罕見的經濟快速發展奇跡和社會長期穩定奇跡，而且為發展中國家走向現代化提供了全新選擇，為人類探索建設更好社會制度貢獻了中國智慧和中國方案。

我國國家制度和國家治理體系之所以具有多方面的顯著優勢，主要在於我們黨堅持把馬克思主義基本

原理同中國具體實際相結合，把開拓正確道路、發展
創新理論、建設有效制度統一起來，使我國國家制度
和國家治理體系既體現科學社會主義基本原則，又具
有鮮明的中國特色、民族特色、時代特色；主要在於
我國國家制度和國家治理體系始終代表最廣大人民的
根本利益，保證人民當家作主，體現人民共同意志，
維護人民合法權益，因而深得中國人民擁護；主要在
於我國國家制度和國家治理體系從來不排斥任何有利
於中國發展進步的他國國家治理經驗，而是堅持以我
為主、為我所用，去其糟粕、取其精華，能夠在自我
完善和發展中長期保持並不斷增強自己的顯著優越性
和強大生命力。

首次提出堅持和完善中國特色社會主義制度推進國家治理體系和治理能力現代化「三步走」總體目標

制度是治國安邦的根本。1980 年，鄧小平同志

在總結「文化大革命」的教訓時指出:「領導制度、組織制度問題更帶有根本性、全域性、穩定性和長期性。」「制度好可以使壞人無法任意橫行,制度不好可以使好人無法充分做好事,甚至會走向反面。」黨的十二大鮮明提出走自己的路、建設有中國特色的社會主義的總路線總方針,並且對健全黨的民主集中制、改革領導機構和幹部制度、有計劃有步驟地進行整黨等作出部署。黨的十三大對我國政治體制改革進行闡述並作出部署。黨的十四大確定我國經濟體制改革的目標是建立社會主義市場經濟體制,明確提出在二十世紀九十年代要初步建立起新的經濟體制,到建黨一百週年時在各方面形成一整套更加成熟更加定型的制度。黨的十五大、黨的十六大、黨的十七大都對制度建設提出明確要求。

黨的十八大以來,以習近平同志為核心的黨中央以強烈的歷史擔當把制度建設擺在更加突出的位置,不失時機深化重要領域改革,堅決破除一切妨礙科學

發展的思想觀念和體制機制弊端，着力構建系統完備、科學規範、運行有效的制度體系。黨的十八屆三中全會把完善和發展中國特色社會主義制度、推進國家治理體系和治理能力現代化確定為全面深化改革的總目標，推出 336 項重大改革舉措。經過近六年努力，重要領域和關鍵環節改革成效顯著，主要領域基礎性制度體系基本形成。正是在這樣的實踐成就基礎上，《決定》對堅持和完善中國特色社會主義制度、推進國家治理體系和治理能力現代化進行系統總結並提出總體目標。這個總體目標，對標我們黨已經確定的到建黨一百年時全面建成小康社會、到 2035 年基本實現社會主義現代化、到新中國成立一百年時把我國建成富強民主文明和諧美麗的社會主義現代化強國的「三步走」戰略目標，進一步明確：到建黨一百年時，在各方面制度更加成熟更加定型上取得明顯成效；到 2035 年，各方面制度更加完善，基本實現國家治理體系和治理能力現代化；到新中國成立一百年時，全面實現國家治理體系和治理能力現代化，使中

國特色社會主義制度更加鞏固、優越性充分展現。這是黨的重要文獻中第一次集中提出國家治理體系和治理能力現代化分「三步走」的總體目標，充分反映了以習近平同志為核心的黨中央立足新時代中國特色社會主義歷史方位，對堅持和完善中國特色社會主義、推進國家治理體系和治理能力現代化作出的戰略安排。

首次把中國特色社會主義制度中起四樑八柱作用的制度明確為根本制度、基本制度、重要制度

中國特色社會主義是改革開放以來我們黨帶領人民推進馬克思主義中國化的偉大歷史性創造。這個創造，反映在實踐形態，就是開闢了中國特色社會主義道路；反映在理論形態，就是形成了包括鄧小平理論、「三個代表」重要思想、科學發展觀、習近平新時代中國特色社會主義思想在內的中國特色社會主義

理論體系；反映在制度形態，就是確立了中國特色社
會主義制度；反映在文化形態，就是堅持和發展了中
國特色社會主義文化。

關於中國特色社會主義的幾種形態，我們黨的三
個重要文獻曾有科學闡述。胡錦濤同志在慶祝中國共
產黨成立九十週年大會上的講話中和黨的十八大報告
中，對中國特色社會主義道路、中國特色社會主義理
論體系、中國特色社會主義制度的科學內涵進行了闡
釋，並且明確提出中國特色社會主義制度是在經濟、
政治、文化、社會等各個領域形成的一整套相互銜
接、相互聯繫的制度體系，列舉了其中的根本政治制
度、基本政治制度、基本經濟制度以及建立在這些制
度基礎之上的各方面體制等具體制度。習近平總書記
在黨的十九大報告中明確提出「中國特色社會主義文
化」和「文化自信」的重大概念，分別對中國特色社
會主義道路、中國特色社會主義理論體系、中國特色
社會主義制度、中國特色社會主義文化的歷史作用作

出了科學定位，對全黨更加自覺地增強道路自信、理論自信、制度自信、文化自信進行了強調，拓展和豐富了新時代中國特色社會主義的科學內涵。

《決定》的貢獻在於，第一次從十三個方面系統概括了中國特色社會主義制度和國家治理體系的基本組成部分，把中國特色社會主義制度中起四樑八柱作用的制度明確為根本制度、基本制度、重要制度。根本制度，是指那些反映中國特色社會主義制度本質內容和根本性特徵、體現中國特色社會主義質的規定性的制度，是立國的根本。如黨的領導制度、人民代表大會制度、馬克思主義在意識形態領域指導地位的根本制度、黨對人民軍隊的絕對領導制度等。基本制度，是指那些體現我國社會主義性質，框定國家基本形態、規範國家政治關係和經濟關係的制度。如中國共產黨領導的多黨合作和政治協商制度、民族區域自治制度、基層群眾自治制度、社會主義基本經濟制度等。重要制度，是指那些由根本制度、基本制度派生

的國家治理各領域各方面的主體性制度。如經濟、政治、文化、社會、生態文明、軍事、外事等領域的主體性制度。《決定》的這種明確，是對黨和國家各方面事業作出的重要制度安排，標誌着我國國家制度和國家治理體系更加系統化、整體化、規範化。

首次明確黨的領導制度在我國國家制度和國家治理體系中的統領地位

推進國家制度和國家治理體系現代化是一個與時俱進的過程，我們對這個問題的認識同樣也是與時俱進的。過去講中國特色社會主義制度的內涵，一般就講中國特色社會主義的經濟、政治、文化、社會、生態文明、軍事、外事和黨的建設等領域的制度，這無疑是正確的。黨的十八大以來，習近平總書記鮮明提出「中國特色社會主義最本質的特徵是中國共產黨領導，中國特色社會主義制度的最大優勢是中國共產黨領導，黨是最高政治領導力量」的重大論斷，以全新

的視野深化了對共產黨執政規律的認識。從實踐看，黨中央全面加強和改進黨的領導，不斷完善黨的領導的體制機制，形成了一套堅持黨的領導的制度規範和工作機制，並轉化為國家治理的制度優勢，使中國特色社會主義制度彰顯出更加強大的生機活力。實踐充分證明，黨的領導制度是我國的根本領導制度，在國家制度和國家治理體系中居於統籌、統領、統帥地位，毫無疑問是中國特色社會主義制度須臾不可或缺的根本制度。《決定》提出「黨的領導制度體系」這個重大概念，把堅持和完善黨的領導制度體系，提高黨科學執政、民主執政、依法執政水平放在堅持和完善中國特色社會主義制度、推進國家治理體系和治理能力現代化的首要位置，突出了黨的領導制度在國家制度和國家治理體系中的統領地位，而且首次從六個方面闡述了堅持和完善黨的領導制度體系的基本要素，從指導思想到重大觀點到具體措施都體現了堅持和加強黨的領導、做到「兩個維護」的要求。這些新概括新規定，抓住了國家制度建設和國家治理的關鍵

和根本，有利於使黨的領導制度化、具體化、規範化，確保把黨的領導落實到國家治理的各領域各環節各方面。

首次對社會主義基本經濟制度內涵作出重要拓展和深化

社會主義基本經濟制度是經濟制度體系中具有長期性和穩定性的部分，對經濟制度屬性和經濟發展方式具有決定性影響。《決定》明確提出，公有制為主體、多種所有制經濟共同發展，按勞分配為主體、多種分配方式並存，社會主義市場經濟體制等社會主義基本經濟制度，既體現了社會主義制度優越性，又同我國社會主義初級階段社會生產力發展水平相適應，是黨和人民的偉大創造。這段表述，第一次把分配方式和社會主義市場經濟體制納入基本經濟制度範疇，是我們黨的一個重大理論創新。一個社會的基本經濟制度是由這個社會的生產力與生產關係決定的，主要

包括社會生產資料所有制、社會分配方式和社會資源配置方式三個基本組成部分。改革開放以來，我們黨深刻總結國內外正反兩方面經驗，從我國社會主義初級階段的基本國情出發，解放思想、實事求是，實現了從單一的公有制經濟向公有制為主體、多種所有制經濟共同發展的轉變，實現了從單一的按勞分配方式向按勞分配為主體、多種分配方式並存的轉變，實現了從高度集中的計劃經濟體制向社會主義市場經濟體制的轉變，極大地解放和發展了社會生產力，創造了經濟快速發展的奇跡。

在實踐探索和實踐檢驗的基礎上，黨的十二屆三中全會明確提出，社會主義經濟是在公有制基礎上的有計劃的商品經濟；黨的十四屆三中全會進一步提出，必須堅持以公有制為主體、多種經濟成分共同發展的方針；黨的十五大第一次明確提出「公有制為主體、多種所有制經濟共同發展，是我國社會主義初級階段的一項基本經濟制度」，標誌着我國社會主義基

本經濟制度的正式確立。黨的十六大進一步明確提出「兩個毫不動搖」的重要思想，即毫不動搖地鞏固和發展公有制經濟，毫不動搖地鼓勵、支持和引導非公有制經濟發展。黨的十八屆三中全會明確提出公有制經濟和非公有制經濟都是社會主義市場經濟的重要組成部分，都是我國經濟社會發展的重要基礎。凡此等等，都表明我們黨對社會主義基本經濟制度的認識在不斷深化。

黨的十九屆四中全會的一大創新，就是對社會主義基本經濟制度作出新概括，把按勞分配為主體、多種分配方式並存和社會主義市場經濟體制上升為基本經濟制度。這是對我國改革開放四十多年經驗特別是黨的十八大以來新鮮經驗的一個科學總結，為推動經濟高質量發展、建設現代化經濟體系提供了理論支撐和制度支撐。首次把馬克思主義在意識形態領域的指導地位明確為一項根本制度，《決定》提出：「堅持馬克思主義在意識形態領域指導地位的根本制度」。

這是黨的重要文獻中第一次把馬克思主義在意識形態領域的指導地位作為黨和國家一項根本制度明確下來。

馬克思主義的誕生是人類思想史上最偉大最重要的事件，引發了人類社會前所未有的歷史性變革。馬克思、恩格斯在《德意志意識形態》中指出：「統治階級的思想在每一時代都是佔統治地位的思想。這就是說，一個階級是社會上佔統治地位的物質力量，同時也是社會上佔統治地位的精神力量。」人類社會發展史表明，任何國家和社會都有佔統治地位的意識形態，社會主義國家和社會是這樣，資本主義國家和社會也是這樣。中國共產黨是以馬克思主義為旗幟的政黨，中國革命、建設、改革的全部成就都是在馬克思主義和馬克思主義中國化成果指引下取得的，由此決定了我國意識形態領域的指導思想必然是馬克思主義。

　　當今世界正經歷百年未有之大變局，我國正處於實現中華民族偉大復興關鍵時期，既面臨大有可為的歷史機遇，也面臨着前所未有的風險挑戰。面對社會思想觀念日益多樣、社會價值取向日益多元、意識形態領域思潮紛湧的複雜情況，必須毫不動搖地堅持和鞏固馬克思主義在意識形態領域的指導地位，促進全體人民在思想上緊緊團結在一起，這樣才能不斷克服前進道路上各種艱難險阻，去奪取新時代的新勝利。習近平總書記在黨的十八屆三中全會上的重要講話中指出：「意識形態工作是黨的一項極端重要的工作。面對改革發展穩定複雜局面和社會思想意識多元多樣、媒體格局深刻變化，在集中精力進行經濟建設的同時，一刻也不能放鬆和削弱意識形態工作，必須把意識形態工作的領導權、管理權、話語權牢牢掌握在手中，任何時候都不能旁落，否則就要犯無可挽回的歷史性錯誤。」《決定》把堅持馬克思主義在意識形態領域的指導地位明確為黨和國家一項根本制度，正是從國家制度和國家治理層面牢牢掌握意識形態工作

領導權、管理權、話語權的重大舉措，反映了以習近平同志為核心的黨中央對新時代意識形態工作和意識形態安全的高度重視。

首次明確了黨和國家監督體系在中國特色社會主義制度和國家治理體系中的重要定位

黨和國家監督體系是黨在長期執政條件下實現自我淨化、自我完善、自我革新、自我提高的重要制度保障。《決定》在明確提出堅持和完善中國特色社會主義制度、推進國家治理體系和治理能力現代化十三個方面的重要任務中，把「堅持和完善黨和國家監督體系，強化對權力運行的制約和監督」作為一個獨立的方面單列出來並作出制度安排，這在黨的重要文獻中還是第一次，標誌着我們黨對長期執政條件下推進自我革命、永葆先進性和純潔性的認識達到一個新境界。如何跳出「其興也勃焉、其亡也忽焉」的歷史週

期率，是中國共產黨始終不懈探索的重大理論和實踐問題。

在黨全面領導、長期執政條件下，不斷增強自我淨化能力，保證幹部清正、政府清廉、政治清明，要求我們黨既要完善自我監督，又要加強對國家機關的監督。黨的十八大以來，以習近平同志為核心的黨中央着眼黨和國家長治久安，從政治和全域高度推進監督制度改革，初步形成黨和國家監督體系總體框架。黨的十九大深刻總結十八大以來我們黨全面從嚴治黨的經驗，明確提出「構建黨統一指揮、全面覆蓋、權威高效的監督體系」的戰略任務。黨的十九屆二中全會審議通過了《中共中央關於修改憲法部分內容的建議》。根據建議，十三屆全國人大一次會議審議通過的憲法修正案專門增寫監察委員會，確立了監察委員會作為國家機構的法律地位。這是對我國政治體制、政治權力、政治關係的重大調整，是對國家監督制度的頂層設計，是對中國特色社會主義監督制度的豐富

和完善。黨的十九大以來，在黨中央堅強領導下，一體推進黨的紀律檢查體制改革、國家監察體制改革和紀檢監察機構改革取得重要成果。各級監委和紀委合署辦公，通過日常監督、派駐監督和巡視監督，實現黨內監督和國家監督的統一，推動監督監察常規化、常態化，使黨和國家監督體系更加完備、科學、有序。所有這些，為鞏固和發展黨的十八大以來全面從嚴治黨成果提供了有力制度和法律保障，為建立集中統一、權威高效的黨和國家監督體系奠定了堅實基礎。

完善黨和國家監督體系是一項艱巨複雜的系統工程。《決定》着眼於增強監督的嚴肅性、協同性、有效性，形成決策科學、執行堅決、監督有力的權力運行機制，確保黨和人民賦予的權力始終用來為人民謀幸福，實現對所有行使公權力的公職人員監督全覆蓋，從健全黨和國家監督制度、完善權力配置和運行制約機制、構建一體推進不敢腐、不能腐、不想腐體

制機制這三個方面提出了明確要求和舉措，具有很強的針對性和操作性。

除以上「九個首次」外，《決定》在總結實踐經驗的基礎上，對人民當家作主制度體系、中國特色社會主義法治體系、中國特色社會主義行政體制、繁榮發展社會主義先進文化的制度、統籌城鄉的民生保障制度、共建共治共享的社會治理制度、生態文明制度體系、黨對人民軍隊的絕對領導制度、「一國兩制」制度體系等進一步作出了闡述，還提出了一系列富有新意的重要理論觀點和重大改革舉措。總體上歸結起來說，黨的十九屆四中全會和《決定》全面回答了我國國家制度和國家治理體系應該堅持和鞏固甚麼、應該完善和發展甚麼這個重大政治問題，必將以提出的一系列新思想新觀點新舉措對馬克思主義國家學說的新發展而載入中國共產黨史冊。

（原載《學習時報》2019 年 11 月 18 日）

人類制度文明史上的
偉大創造

編者按：黨的十九屆四中全會審議通過的《中共中央關於堅持和完善中國特色社會主義制度、推進國家治理體系和治理能力現代化若干重大問題的決定》，從黨和國家事業發展的全域和長遠出發，準確把握我國國家制度和國家治理體系的演進方向和規律，深刻回答了「堅持和鞏固甚麼、完善和發展甚麼」這個重大政治問題，既闡明了必須牢牢堅持的重大制度和原則，又部署了推進制度建設的重大任務和舉措。如何準確理解黨的十九屆四中全會精神，如何

把全會精神學懂弄通做實？本報在「權威訪談」專欄
推出系列報道，採訪與會代表、有關部委負責同志和
文件起草組同志，對全會精神進行解讀。

黨的十九屆四中全會對堅持和完善中國特色社
會主義制度、推進國家治理體系和治理能力現代化作
出了全面部署。日前，記者對中央黨校（國家行政學
院）分管日常工作的副校（院）長何毅亭進行專訪，
請他對黨的十九屆四中全會精神進行解讀。

記者：請您談談中國特色社會主義制度和國家治
理體系的形成和發展經歷了哪幾個歷史階段？

何毅亭：中國特色社會主義制度和國家治理體
系，是中國共產黨團結帶領中國人民在推翻帝國主
義、封建主義和官僚資本主義的反動統治之後，創造
性地運用馬克思主義國家學說，深刻總結國內外正反
兩方面經驗，在不斷探索實踐、不斷改革創新中建立

起來的保證億萬人民當家作主的全新國家制度和治理體系。這是人類制度文明史上的偉大創造。

　　中國特色社會主義制度和國家治理體系的形成和發展，借鑒了我們黨領導新民主主義革命時期在根據地執政的寶貴經驗，經歷了新中國七十年三個大的歷史階段。從新中國成立到黨的十一屆三中全會前，我們黨確立了人民當家作主的國家制度，建立起社會主義基本制度，探索適合國情的社會主義建設道路，為當代中國一切發展進步奠定了根本政治前提和制度基礎。從黨的十一屆三中全會到黨的十八大前，我們黨鮮明提出走自己的路、建設有中國特色的社會主義，積極推進經濟體制及其他體制改革，確立中國特色社會主義制度，不斷完善國家治理，為改革開放和現代化建設提供了堅實制度保障。

　　黨的十八大以來，通過統籌推進「五位一體」總體佈局、協調推進「四個全面」戰略佈局，推動中國

特色社會主義制度更加完善、國家治理體系和治理能力現代化水平明顯提高，為黨和國家事業發生歷史性變革、取得歷史性成就提供了有力保障。

記者：黨的十八大以來，我們黨在推進國家制度和國家治理體系建設方面取得了哪些歷史性成就？

何毅亭：黨的十八大以來，以習近平同志為核心的黨中央以強烈的歷史擔當把制度建設擺在更加突出的位置，不失時機深化重要領域改革。黨的十八屆三中全會把完善和發展中國特色社會主義制度、推進國家治理體系和治理能力現代化確定為全面深化改革的總目標，推出 336 項重大改革舉措，並且在此後展開的全面深化改革實踐中堅持問題導向和目標導向相結合，積極推進國家制度建設和國家治理體系現代化，取得歷史性成就。

一是堅持和完善黨的領導制度。健全維護黨中

央權威和集中統一領導的制度，明確提出並推動全黨增強「四個意識」、堅定「四個自信」、做到「兩個維護」，自覺在思想上政治上行動上同以習近平同志為核心的黨中央保持高度一致。改革完善黨中央對重大工作的領導體制，完善向黨中央請示報告制度，黨總攬全域、協調各方的領導核心作用充分發揮，把方向、謀大局、定政策、促改革的能力不斷提高。

二是堅持和完善全面從嚴治黨制度。黨中央提出並貫徹新時代黨的建設總要求和新時代黨的組織路線，以黨的政治建設為統領，把制度建設貫穿其中，全面推進黨的各方面建設。完善全面從嚴治黨責任制度，嚴明黨的政治紀律和政治規矩，深化紀檢監察體制改革，設立國家監察委員會，健全黨和國家監察體系，強化對權力運行的制約和監督，反腐敗鬥爭取得壓倒性勝利，黨內政治生態展現新氣象，黨在革命性鍛造中成為堅強領導核心。

三是堅持和完善中國特色社會主義法治體系。黨的十八屆四中全會通過的《中共中央關於全面推進依法治國若干重大問題的決定》，對新時代建設社會主義法治國家作出全面部署，法治建設特別是司法體制改革以前所未有的力度展開。依法治國方略全面深入推進，法治中國建設邁出堅定步伐，中國特色社會主義法治體系日益完善，全社會法治觀念明顯增強。黨的十九大後，制定監察法、國家勳章和國家榮譽稱號法等，立法工作取得重大新進展。

四是堅持和完善人民當家作主的制度。黨中央把黨的領導、人民當家作主、依法治國有機統一起來，不斷加強人民當家作主的制度保障。對堅持和完善人民代表大會制度作出頂層設計，明確提出發揮人民代表大會及其常委會在立法工作中的主導作用，在各級人大新設置專門的社會建設委員會，並且優化人大常委會和各專門委員會組成人員。黨中央先後印發實施《關於加強社會主義協商民主建設的意見》等一系

列配套文件，統籌推進政黨協商、人大協商、政府協商、政協協商、人民團體協商、基層協商以及社會組織協商，愛國統一戰線鞏固發展。

五是堅持和完善中國特色社會主義經濟制度。着眼解放和發展社會生產力、解放和增強社會活力，不斷完善和發展社會主義基本經濟制度，完善社會主義市場經濟體制，充分發揮市場在資源配置中的決定性作用，更好發揮政府作用，國家宏觀經濟調控制度不斷完善，各類市場主體活力不斷激發。全面貫徹新發展理念，深入推進供給側結構性改革，加快創新型國家建設，實施鄉村振興戰略，持續推進「一帶一路」建設、京津冀協同發展、長江經濟帶發展、粵港澳大灣區建設等重大戰略，開放型經濟新體制逐步健全，我國經濟實力和綜合國力顯著增強。

黨的十八大以來，在堅持和完善文化、社會、生態文明、軍事、外事等方面制度上，也都取得歷史

性進展。中國特色社會主義制度在自我完善和發展中煥發強大生機活力，既創造了舉世公認的經濟發展奇跡，也創造了國家政治和社會大局長期穩定的奇跡。

記者：請您談談黨的十九屆四中全會對推進中國特色社會主義制度和國家治理體系建設作出了哪些新的部署？

何毅亭：黨的十九屆四中全會全面回答了我國國家制度和國家治理體系應該「堅持和鞏固甚麼、完善和發展甚麼」這個重大政治問題，對新時代推進中國特色社會主義制度和國家治理體系建設作出了新的重大部署。首先是進一步明確了堅持和完善中國特色社會主義制度、推進國家治理體系和治理能力現代化的總體要求和總體目標。這個總體要求，概括地說就是必須堅持黨的基本理論指導，必須堅持黨的集中統一領導，必須堅持解放思想、實事求是、改革創新，必須堅持正確路徑和方法。這個總體目標，對標我

們黨已經確定的到建黨一百年時全面建成小康社會、到 2035 年基本實現社會主義現代化、到新中國成立一百年時把中國建成富強民主文明和諧美麗的社會主義現代化強國的「三步走」戰略目標，進一步明確：到建黨一百年時，在各方面制度更加成熟更加定型上取得明顯成效；到 2035 年，各方面制度更加完善，基本實現國家治理體系和治理能力現代化；到新中國成立一百年時，全面實現國家治理體系和治理能力現代化，使中國特色社會主義制度更加鞏固、優越性充分展現。全會提出的總體要求和總體目標，為新時代堅持和完善中國特色社會主義制度、推進國家治理體系和治理能力現代化提供了總方向、總藍圖、總遵循。

再就是明確提出了堅持和完善中國特色社會主義制度、推進國家治理體系和治理能力現代化的十三項主要任務，明確了各項制度必須堅持和鞏固的根本點、完善和發展的方向，並作出工作部署。全會把中

國特色社會主義制度中起四樑八柱作用的制度明確為根本制度、基本制度、重要制度。根本制度，是指那些反映中國特色社會主義制度本質內容和根本性特徵、體現中國特色社會主義性質的規定性的制度，是立國的根本。如黨的領導制度、人民代表大會制度、馬克思主義在意識形態領域指導地位的根本制度、黨對人民軍隊的絕對領導制度等。基本制度，是指那些體現我國社會主義性質，框定國家基本形態、規範國家政治關係和經濟關係的制度。如中國共產黨領導的多黨合作和政治協商制度、民族區域自治制度、基層群眾自治制度、社會主義基本經濟制度等。重要制度，是指那些由根本制度、基本制度派生的國家治理各領域各方面的主體性制度。如經濟、政治、文化、社會、生態文明、軍事、外事等領域的主體性制度。全會的這種明確，是對黨和國家各方面事業作出的重要制度安排，標誌着我國國家制度和國家治理體系更加系統化、整體化、規範化。

還有就是在加強黨對堅持和完善中國特色社會主義制度、推進國家治理體系和治理能力現代化的領導上提出了明確要求。全會強調國家制度和國家治理體系建設必須在黨中央統一領導下進行，科學謀劃、精心組織、遠近結合、整體推進，確保全會確定的各項目標要求全面落實到位。全會要求各級黨委和政府以及各級領導幹部要帶頭維護制度權威，做制度執行的表率。全會還對加強制度理論研究和宣傳教育、提高新時代幹部隊伍治理能力、推進全面深化改革等提出了明確要求。

總之，黨的十九屆四中全會是一次具有開創性、里程碑意義的重要會議，必將以對馬克思主義國家學說的新發展而載入史冊。

（原載《人民日報》2019 年 11 月 22 日）

中國特色社會主義制度和
國家治理體系形成的
歷程和成就

　　馬克思主義告訴我們，無產階級奪取政權以後不能簡單地運用現成的國家機器來達到自己的目的，必須建立自己的政權機構來代替統治階級的國家機器。中國特色社會主義制度和國家治理體系，就是中國共產黨團結帶領中國人民在推翻帝國主義、封建主義和官僚資本主義的反動統治之後，創造性地運用馬克思主義國家學說，深刻總結國內外正反兩方面經驗，在

不斷探索實踐、不斷改革創新中建立起來的保證億萬
人民當家作主的全新國家制度和國家治理體系。這是
人類制度文明史上的偉大創造。

中國特色社會主義制度和國家治理體系的形成和
發展，是在借鑒我們黨領導新民主主義革命時期在根
據地執政的寶貴經驗基礎上，經歷了新中國七十年三
個大的歷史階段形成和發展起來的。

從新中國成立到黨的十一屆三中全會前，我們黨
確立了人民當家作主的國家制度，建立起社會主義基
本制度，探索適合國情的社會主義建設道路，為當代
中國一切發展進步奠定了根本政治前提和制度基礎。

建立甚麼樣的國家制度，是近代以來中國面臨的
一個歷史性課題。鴉片戰爭以後，無數仁人志士為尋
求改變中國前途命運的道路進行了持續不懈努力，經
歷了反覆探索，嘗試了多種制度模式，但都以失敗而

告終。中國共產黨自成立以來就致力於建立人民當家作主的新國家、新社會，不但提出了關於未來國家制度的主張，而且帶領人民為之奮鬥了二十多年，積累了在局部地區執政的寶貴經驗。毛澤東同志在黨的七屆二中全會上闡明了人民代表會議制度，指出資產階級共和國的國會制度不符合中國情況；隨後在《論人民民主專政》一文中明確指出：「總結我們的經驗，集中到一點，就是工人階級（經過共產黨）領導的以工農聯盟為基礎的人民民主專政。」這為新中國國家制度的構建和發展作了充分的理論準備。1949年9月，中國人民政治協商會議第一屆全體會議通過的具有臨時憲法作用的《中國人民政治協商會議共同綱領》，確立人民民主專政為新中國國體，確立人民代表大會制度為新中國政體，還確立了中國共產黨領導的多黨合作和政治協商制度，確立了在統一的多民族國家內實行民族區域自治制度。這些關乎全域的頂層設計，奠定了新中國國家制度的基礎。

　　1954 年 9 月，第一屆全國人民代表大會第一次
會議的召開，標誌着作為新中國根本政治制度的人民
代表大會制度正式確立，此後人民政協繼續在國家政
治生活和社會生活中發揮着重大作用。這次會議通過
的新中國第一部憲法，對人民民主專政的國家性質和
人民代表大會制度的根本政治制度，對中國共產黨領
導的多黨合作和政治協商制度、民族區域自治制度
等國家基本政治制度作出了更為完備的規定。1956
年，隨着黨在過渡時期總路線所規定的對生產資料私
有制的社會主義改造基本完成，我國確立了社會主義
基本制度，成功實現了中國歷史上最偉大最深刻的社
會變革。其後，黨在不斷探索適合國情的發展道路以
及制度建設和法制建設等方面取得重要進展，也曾走
了一段彎路。

　　這二十九年，黨領導人民建立的國家制度，總體
上適合中國實際、適應我國當時的經濟基礎，雖然還
存在初創階段的不成熟、不完善，但它開創性地建立

了人民當家作主的新型國家制度，這是很了不起的。
從黨的十一屆三中全會到黨的十八大前，我們黨鮮明
提出走自己的路、建設有中國特色的社會主義，積極
推進經濟體制及其他體制改革，形成中國特色社會主
義制度，不斷完善國家治理，為改革開放和現代化建
設提供了堅實制度保障。

　　黨的十一屆三中全會開啟了改革開放歷史新時
期，也開啟了中國特色社會主義制度自我完善和發展
的歷史新征程。從那以後四十多年來，黨帶領人民積
極推進黨的領導體制和經濟體制、政治體制、文化體
制、社會體制、生態文明體制、軍事體制等方面的改
革，不斷完善和發展中國特色社會主義制度，國家治
理體系的活力和效率不斷提升。

　　一是健全和完善黨和國家的領導制度。改革開
放之初，取消「文化大革命」中成立的地方各級革命
委員會，恢復設立了地方各級人民政府。在總結「文

革」教訓基礎上，黨的十一屆五中全會通過了《關於黨內政治生活的若干準則》，並且決定恢復中央書記處，以加強和改善黨的集體領導和民主集中制。1982 年制定的憲法，決定恢復設立國家主席和副主席；賦予國務院行政法規制定權；國家設立中央軍事委員會；改變人民公社政社合一體制，恢復設立鄉鎮政權機關。黨的十二大通過的黨章規定，黨中央只設總書記，不再設主席、副主席。這些重大舉措和規定，對健全和完善黨和國家的領導制度具有重要意義。

　　二是健全和完善我國根本政治制度。根據憲法規定，1982 年我國在縣以上地方各級人民代表大會設立常務委員會，賦予省、自治區、直轄市人民代表大會及其常委會制定和頒佈地方性法規權，並且實行各級人大代表由等額選舉改為差額選舉，把直接選舉人大代表的範圍擴大到縣一級等。黨的十四大提出加強人民代表大會及其常委會立法和監督等職

能。黨的十七大提出逐步實行城鄉按相同人口比例選舉人大代表。這些都有力推動了各級人大更好發揮作用。

三是健全和完善我國基本政治制度。改革開放以後，黨中央進一步明確了人民政協的性質、任務、主題、職能，把中國共產黨領導的多黨合作和政治協商制度確立為我國一項基本政治制度，對民主黨派的性質作了新的概括，闡明了執政黨和參政黨的關係，明確了多黨合作和政治協商必須堅持的政治準則。基層群眾自治制度源於新中國成立後我國城市建立的居民委員會。1982 年，城市居民委員會和農村村民委員會被一起寫進憲法。1989 年、1998 年先後通過了城市居民委員會組織法、村民委員會組織法。黨的十四人首次把我國基層民主制度形式確定為農村村民委員會、城市居民委員會和企業職工代表大會，此後逐步形成了以村委會、居委會和職代會為主要內容的基層群眾自治制度。民族區域自治制度作為我們黨早

在新中國成立前後就創造性設定的我國一項基本政治
制度，在改革開放中也得到不斷豐富和發展。

　　四是健全和完善社會主義基本經濟制度。黨的
十二屆三中全會作出的《中共中央關於經濟體制改革
的決定》，第一次提出社會主義經濟「是在公有制基
礎上的有計劃的商品經濟」的新論斷。黨的十四大明
確提出：「我國經濟體制改革的目標是建立社會主義
市場經濟體制」，為社會主義基本經濟制度的確立奠
定了堅實的體制基礎。黨的十五大首次提出：「公有
制為主體、多種所有制經濟共同發展，是我國社會主
義初級階段的一項基本經濟制度。」這標誌着我國社
會主義基本經濟制度的確立。

　　五是健全和完善中國特色社會主義法治體系。早
在改革開放之初，我們黨就開始謀劃和部署構建以憲
法為核心的法律體系。1982 年我國制定了改革開放
以來第一部憲法後，又於 1988 年、1993 年、1999

年、2004 年修改憲法，把改革開放中黨領導人民創造的偉大成就和成功經驗及時寫入憲法。黨的十五大把依法治國確定為治理國家的基本方略，並提出到 2010 年形成中國特色社會主義法律體系的目標。在黨中央堅強領導下，這個目標已如期完成。

黨的十八大以來，通過統籌推進「五位一體」總體佈局、協調推進「四個全面」戰略佈局，推動中國特色社會主義制度更加完善、國家治理體系和治理能力現代化水平明顯提高，為黨和國家事業發生歷史性變革提供了有力保障。

以習近平同志為核心的黨中央在黨的十八屆三中全會通過的《中共中央關於全面深化改革若干重大問題的決定》中，明確提出全面深化改革的總目標是完善和發展中國特色社會主義制度、推進國家治理體系和治理能力現代化，並且在此後展開的全面深化改革實踐中堅持問題導向和目標導向相結合，積極推進黨

和國家制度建設及國家治理體系現代化，取得歷史性
成就。

　　堅持和加強黨的全面領導，進一步健全維護黨中
央權威和集中統一領導的制度。明確提出並推動全黨
增強「四個意識」、堅定「四個自信」、做到「兩個
維護」，自覺在思想上政治上行動上同以習近平同志
為核心的黨中央保持高度一致。黨中央成立了多個決
策議事協調機構，健全對重大工作的領導體制。完善
向黨中央請示報告制度。從 2015 年開始，中央書記
處和中央紀律檢查委員會、全國人大常委會黨組、國
務院黨組、全國政協黨組、最高人民法院黨組、最高
人民檢察院黨組每年專門向中央政治局常委會議彙報
工作。黨的十九大後，對黨和國家機構進行改革，在
構建和完善黨的領導體系、政府治理體系、武裝力量
體系、群團工作體系上邁出決定性步伐。

　　堅持和完善全面從嚴治黨制度。黨中央提出並

貫徹新時代黨的建設總要求和新時代黨的組織路線，建立健全以黨的政治建設為統領、全面推進黨的各方面建設的制度機制。完善全面從嚴治黨責任制度，嚴明黨的政治紀律和政治規矩，推動全黨堅決同一切影響黨的先進性、弱化黨的純潔性的問題作鬥爭。黨的十八屆六中全會通過的《關於新形勢下黨內政治生活的若干準則》《中國共產黨黨內監督條例》，推動黨內政治生態明顯好轉。設立國家監察委員會，健全黨和國家監察制度，強化對權力運行的制約和監督。堅定不移推進反腐敗，着力構建一體推進不敢腐、不能腐、不想腐的體制機制。

　　堅持和完善中國特色社會主義法律體系。黨的十八屆四中全會通過的《中共中央關於全面推進依法治國若干重大問題的決定》，對新時代建設社會主義法治國家作出全面部署，法治建設特別是司法體制改革以前所未有的力度展開。黨的十九大後，制定監察法、國家勳章和國家榮譽稱號法等，並且加快國家安

全、生態環境、社會民生等重點領域立法，中國特色社會主義法律體系日趨完善。堅持和完善人民當家作主的制度。黨的十八大以來，黨中央對堅持和完善人民代表大會制度作出頂層設計，明確提出發揮人民代表大會及其常委會在立法工作中的主導作用，在各級人大新設置專門的社會建設委員會，並且優化人大常委會和各專門委員會組成人員。協商民主是我國社會主義民主政治的特有形式和獨特優勢。黨中央先後印發實施《關於加強社會主義協商民主建設的意見》等一系列配套文件，使這一民主形式廣泛運用於國家政治和社會生活之中，有力保障了人民有序政治參與，促進了決策科學化民主化。

黨的十八大以來，在堅持和完善經濟、文化、社會、生態文明、軍事、外事等方面制度上，也都取得歷史性進展。

縱觀社會主義從誕生到現在的整個歷史過程，

在中國這樣一個經濟文化落後的東方大國奪取全國政權、建立社會主義制度，進而建設社會主義現代化強國，是馬克思主義發展史上的嶄新課題。怎樣治理中國這樣具有超長時間歷史縱深、超大幅員國土面積、超大數量人口規模、超常複雜民族宗教結構乃至越來越超大規模經濟體量的社會主義發展中國家，在以往的世界社會主義實踐中是沒有任何現成模式可以學習的。中國共產黨迎難而上，堅持把馬克思主義基本原理同中國具體實際相結合，經過艱辛探索，新中國七十年來在國家制度建設上取得歷史性成就。黨的十九屆四中全會全面梳理和概括了一整套中國特色社會主義制度和國家治理體系，主要包括以下方面：

堅持黨的集中統一領導，堅決維護黨中央權威，使黨處於總攬全域、協調各方的核心地位，實行科學執政、民主執政、依法執政的黨的領導制度體系；

以人民代表大會制度這一根本政治制度，中國共

產黨領導的多黨合作和政治協商制度、民族區域自治制度、基層群眾自治制度等基本政治制度為主要內容的人民當家作主制度體系；

堅定不移走中國特色社會主義法治道路，包括法律規範體系、法治實施體系、法治監督體系、法治保障體系在內的中國特色社會主義法治體系；

堅持一切行政機關為人民服務、對人民負責、受人民監督，創新行政方式，提高行政效能，人民群眾滿意，職責明確、依法行政的政府治理體系；

以公有制為主體、多種所有制經濟共同發展，按勞分配為主體、多種分配方式並存，社會主義市場經濟體制等為主要內容的社會主義基本經濟制度；

堅持馬克思主義在意識形態領域指導地位，堅持為人民服務、為社會主義服務，堅持百花齊放、百家

爭鳴，堅持創造性轉化、創新性發展，激發全民族文化創造活力的社會主義先進文化制度；

堅持幼有所育、學有所教、勞有所得、病有所醫、老有所養、住有所居、弱有所扶，以滿足人民日益增長的美好生活需要為目標的統籌城鄉的民生保障制度體系；黨委領導、政府負責、民主協商、社會協同、公眾參與、法治保障、科技支撐，共建共治共享的社會治理制度；

促進人與自然和諧共生，堅持生態環境保護、資源高效利用、生態保護和修復、落實生態環境保護責任共同發力一體推進的生態文明制度體系；

人民軍隊最高領導權和指揮權屬於黨中央，中央軍委實行主席負責制，確保人民軍隊性質、宗旨、本色的黨對人民軍隊絕對領導制度；

嚴格依照憲法和基本法對香港特別行政區、澳門特別行政區實行管治，保持香港、澳門長期繁榮穩定，堅定推進包括台灣在內的祖國和平統一的「一國兩制」制度體系；

統籌國內國際兩個大局，堅持獨立自主的和平外交政策，堅定不移維護國家主權、安全、發展利益，堅定不移維護世界和平、促進共同發展，推動構建人類命運共同體的外事工作體制機制；

以強化對權力運行的制約和監督，實現自我淨化、自我完善、自我革新、自我提高為目的，黨統一領導、全面覆蓋、權威高效的黨和國家監督體系。

國家制度和國家治理體系是黨和國家事業興旺發達的根本保障。新中國成立七十年來，中國共產黨領導人民書寫了社會主義革命和建設的中國故事、改革開放新時期的中國故事、黨的十八大以來發生歷史性

變革的中國故事，書寫了創造世所罕見的經濟快速發展奇跡和社會長期穩定奇跡的中國故事，書寫了中華民族迎來從站起來、富起來到強起來偉大飛躍的中國故事。實踐證明，中國特色社會主義制度和國家治理體系是以馬克思主義為指導、植根中國大地、具有深厚中華文化根基、深得人民擁護的制度和治理體系，是具有強大生命力和巨大優越性的制度和治理體系，是能夠持續推動擁有近十四億人口大國進步和發展、確保擁有五千多年文明史的中華民族實現「兩個一百年」奮鬥目標進而實現偉大復興的制度和治理體系。

（原載《人民日報》2019 年 12 月 2 日）

堅持和完善中國特色
社會主義根本制度

　　中國特色社會主義根本制度，同中國特色社會主義基本制度、中國特色社會主義重要制度一道，都是黨的十九屆四中全會加以明確的重大政治概念。

　　何為中國特色社會主義根本制度？就是那些體現中國特色社會主義本質特徵和國家性質、從根本上保證中國特色社會主義方向、在中國特色社會主義制度中起決定性作用的制度。學習貫徹黨的十九屆四中全

會精神、堅持和完善中國特色社會主義根本制度，就
要堅持和完善以下這些制度。

堅持和完善黨的領導根本制度

中國共產黨領導是中國特色社會主義最本質的
特徵，是中國特色社會主義制度的最大優勢。在當
代中國國家治理體系中，中國共產黨是最高政治領
導力量，黨的領導制度是黨和國家各領域各方面制
度的「綱」，處於統籌、統領、統帥地位，是我國最
重要最根本的制度。沒有中國共產黨領導，哪有新中
國的成立，哪有社會主義基本制度的確立，哪有中國
特色社會主義的開創，又哪有中國特色社會主義一
整套制度和國家治理體系的建立、完善和發展？堅
持和加強黨的全面領導，關係黨和國家前途命運；
在這個問題上出現失誤錯誤，往往是災難性、顛覆
性的。黨的十八大以來，以習近平同志為核心的黨
中央全面加強和改進黨的領導，不斷健全和完善黨

的領導的體制機制，形成了一套堅持和完善黨的領導
的制度規範和工作機制，並轉化為國家治理的制度優
勢，使中國特色社會主義制度彰顯出更加強大的生機
活力。

　　黨的十九屆四中全會系統總結我國國家制度和國
家治理體系的發展成就，把堅持黨的領導這一顯著優
勢放在我國國家制度和國家治理體系十三個方面顯著
優勢的首位，旗幟鮮明強調「黨政軍民學、東西南北
中，黨是領導一切的，堅決維護黨中央權威，健全總
攬全域、協調各方的黨的領導制度體系，把黨的領導
落實到國家治理各領域各方面各環節」，這其中貫穿
的核心要義就是黨的領導制度是中國特色社會主義根
本制度。全會把堅持和完善黨的領導制度體系，提高
黨科學執政、民主執政、依法執政水平，放在堅持和
完善中國特色社會主義制度、推進國家治理體系和治
理能力現代化的首要位置，突出了黨的領導制度在國
家制度和國家治理體系中的根本制度定位，抓住了國

家制度建設和國家治理的關鍵和根本，使堅持和加強
黨的領導具有了更強的制度約束力。

中國特色社會主義進入新時代，中國特色社會主
義制度和國家治理體系首先是黨的領導制度需要與時
俱進地不斷完善和發展。黨的十九屆四中全會立足於
健全總攬全局、協調各方的黨的領導制度體系，明確
提出六個方面主要任務，即：建立不忘初心、牢記使
命的制度；完善堅定維護黨中央權威和集中統一領導
的各項制度；健全黨的全面領導制度；健全為人民執
政、靠人民執政各項制度；健全提高黨的執政能力和
領導水平制度；完善全面從嚴治黨制度。貫徹落實四
中全會精神，就要把貫徹落實以上六個方面任務擺在
突出位置，在堅持和完善黨的領導制度體系方面下更
大功夫，推動各級黨組織、所有黨和國家機構把黨的
領導全方位體現到國家治理的方方面面，有效轉化為
國家制度優勢和國家治理效能。

堅持和完善人民民主專政根本制度

人民民主專政作為中華人民共和國的國體、作為我國根本的國家制度，是馬克思列寧主義國家學説在中國創造性運用和發展的產物。1871 年 3 月在法國巴黎無產階級革命風暴中建立的「巴黎公社」，是無產階級奪取政權的首次嘗試。馬克思、恩格斯總結巴黎公社的寶貴經驗，明確指出：無產階級奪取政權以後不能簡單地運用現成的國家機器來達到自己的目的，必須建立無產階級專政的國家機器來代替統治階級的國家機器。馬克思、恩格斯認為巴黎公社失敗的一個主要原因是缺乏無產階級政黨領導，因此他們特別提出：為了把工人階級團結起來進行革命鬥爭，需要由工人階級先進分子組成獨立的無產階級革命政黨，並充分發揮這個黨在革命鬥爭中的領導作用。列寧繼承和發展了馬克思、恩格斯的無產階級專政理論，領導俄國十月革命取得成功，建立了世界上第一

個無產階級專政的社會主義國家，為其他國家提供了進行革命、建立無產階級專政國家的榜樣。

中國共產黨和中國革命，是在馬克思列寧主義指導下、在俄國十月革命影響下建立和發展起來的。人民民主專政，就是我們黨團結帶領中國人民在推翻帝國主義、封建主義和官僚資本主義的反動統治之後，根據我國歷史條件和具體情況，創造性運用馬克思列寧主義無產階級專政理論建立起來的全新國家制度。在中國共產黨的許多文件和毛澤東的《新民主主義論》《論聯合政府》《論人民民主專政》等著作中都明確提出了人民民主專政的理論主張。在新中國成立前各革命根據地建設中，已經進行了人民民主專政的實踐探索。毛澤東強調指出：「總結我們的經驗，集中到一點，就是工人階級（經過共產黨）領導的以工農聯盟為基礎的人民民主專政。這個專政必須和國際革命力量團結一致。這就是我們的公式，這就是我們的主要經驗，這就是我們的主要綱

領。」毛澤東還明確闡述了人民民主專政的科學內
涵，指出「對人民內部的民主方面和對反動派的專政
方面，互相結合起來，就是人民民主專政」。新中國
七十年的實踐證明，人民民主專政是符合中國國情、
厚植於人民之中，具有強大生命力和巨大優越性的根
本制度。

　　黨的十九屆四中全會強調「我國是工人階級領導
的、以工農聯盟為基礎的人民民主專政的社會主義國
家」，鮮明表達了堅持人民民主專政這一國家根本制
度的堅定意志。全會強調堅持人民主體地位，堅定不
移走中國特色社會主義政治發展道路，使各方面制度
和國家治理更好體現人民意志、保障人民權益、激發
人民創造，確保人民依法通過各種途徑和形式管理國
家事務，管理經濟文化事業，管理社會事務，並且明
確提出了堅持和完善人民民主專政根本制度的重要任
務。從一定意義上說，全會對堅持和完善中國特色社
會主義制度、推進國家治理體系和治理能力現代化作

出的全部制度安排和部署，都是對人民民主專政根本
制度的堅持和完善。

堅持和完善人民代表大會根本制度

　　人民代表大會制度是符合中國國情、體現社會主
義國家性質、保證人民當家作主的根本制度，是支撐
國家治理體系和治理能力的根本制度。作為國家政治
制度體系和國家政權組織體系的根基，人民代表大會
制度實現了國體與政體、民主與效率的有機統一，是
堅持黨的領導、人民當家作主、依法治國有機統一的
根本制度安排，集中體現了我國社會主義民主政治的
特點和優勢。黨的十九屆四中全會充分闡述了人民代
表大會根本制度的地位、特點、優勢，明確提出了今
後一個時期堅持和完善人民代表大會根本制度的重點
方向、主要任務、工作要求和重要舉措。

　　其一要支持和保證人民通過人民代表大會行使國

家權力，保證各級人大都由民主選舉產生、對人民負責、受人民監督，保證各級國家機關都由人大產生、對人大負責、受人大監督。這是對各級人大及其常委會的要求，也是對各級國家機關及其工作人員的要求。換句話說，就是要通過人民代表大會，從各層次各領域擴大公民有序政治參與，依法保障公民的知情權、參與權、表達權、監督權，依法保證全體社會成員平等參與、平等發展的權利；同時暢通社情民意反映和表達渠道，積極回應社會關切，統籌兼顧不同利益訴求，最大限度調動積極因素、化解消極因素。

其二要支持和保證人大及其常委會依法行使立法權，完善以憲法為核心的中國特色社會主義法律體系，加強重要領域立法，堅持科學立法、民主立法、依法立法，不斷提高立法質量和效率；依法行使監察權，健全人大對「一府一委兩院」監督制度，加強對法律實施的監督，保證行政權、監察權、審判權、檢察權得到依法正確行使，保證公民、法人和其他組織

合法權益得到切實保障，堅決排除對執法司法活動的
干預；依法行使決定權，根據憲法和有關組織法討論
決定全國和本行政區內的重大事項；依法行使任免
權，嚴格依照法定職權和法定程序選舉和任免國家機
關領導人員、組成人員和有關工作人員。

其三要密切人大代表同人民群眾的聯繫，健全代
表聯絡機制，更好發揮人大代表作用。一方面，各級
人大代表要通過調研、視察、走訪、代表之家、代表
活動室、代表接待日、網絡平台等方式和渠道，了解
社情民意，反映群眾訴求，宣傳國家法律法規和方針
政策。另一方面，各級人大常委會要完善代表聯繫制
度，支持和保證代表依法履職，充分發揮代表作用。

其四要健全人大組織制度、選舉制度和議事規
則，完善論證、評估、評議、聽證制度。根據黨中
央部署要求，總結實踐經驗，適應新形勢新要求，
完善人大組織體系、工作機制、議事規則方面的法

律制度，健全人大組織制度和運行機制，使各級人大及其常委會成為全面擔負起憲法法律賦予的各項職責的工作機關，成為同人民群眾保持密切聯繫的代表機關。

堅持和完善馬克思主義在意識形態領域指導地位根本制度

馬克思主義以科學的世界觀和方法論揭示了人類社會發展規律，是我們立黨立國的根本指導思想。中國共產黨是在馬克思主義指引和武裝下成長和發展起來的，黨的先進性和純潔性是在馬克思主義思想理論的先進性和科學性滋養下形成和豐富起來的，黨的團結統一和強大戰鬥力是在馬克思主義這個全黨共同思想基礎上凝聚和強大起來的。歸根到底一句話：黨領導的中國革命、建設、改革的全部成就，都是在馬克思主義和馬克思主義中國化成果指引下取得的。黨的十九屆四中全會把馬克思主義在意識形態領域的指導

地位上升為一項根本制度，客觀反映了馬克思主義傳入中國後發揮的偉大歷史作用，用制度形態確立了馬克思主義指導思想在中國特色社會主義制度中的根本制度地位，這是具有重大意義的。

　　堅持和完善馬克思主義在意識形態領域指導地位根本制度，最重要的就是堅持和鞏固習近平新時代中國特色社會主義思想在黨和國家的指導思想地位。習近平新時代中國特色社會主義思想是馬克思主義中國化最新成果，是當代中國馬克思主義、二十一世紀馬克思主義，為實現強黨強國和民族復興提供了科學行動指南，為黨和人民提供了強大思想武器。要按照學懂弄通做實的要求，深入推進習近平新時代中國特色社會主義思想學習教育，引導黨員幹部深刻認識這一思想的歷史地位和重大意義，深刻理解這一思想的精神實質、豐富內涵、核心要義、實踐要求，深刻體悟貫穿其中的馬克思主義立場觀點方法，真正把學習這一思想的收穫轉化為增強「四個意識」、堅定「四個

自信」、做到「兩個維護」的實際行動，轉化為做好工作的理念思路、舉措辦法和科學方法。

堅持和完善馬克思主義在意識形態領域指導地位根本制度，要求我們必須牢牢把握社會主義先進文化前進方向，加強黨對意識形態工作的全面領導。現在，我國文化領域正在發生廣泛而深刻的變革，社會文化生態更加複雜，堅持以馬克思主義統領多樣化文化發展的重要性日益突出。這就必須堅持黨管宣傳、黨管意識形態、黨管媒體不動搖，把意識形態工作領導權牢牢掌握在忠誠於黨、忠誠於馬克思主義的人手中，不斷增強意識形態領域的主導權和話語權。

黨的十九屆四中全會明確提出堅持馬克思主義在意識形態領域的指導地位，必須注意區分政治原則問題、思想認識問題、學術觀點問題，旗幟鮮明反對和抵制各種錯誤觀點。這個要求很重要，也很有現實針對性。在這個重大問題上，一定要堅持實事求是、客

觀公正，堅持具體問題具體分析，是甚麼問題就是甚
麼問題，就按照解決這樣性質問題的方式去解決，既
要防止把學術觀點問題特別是思想認識問題上升為政
治原則問題，又要防止把政治原則問題淡化為學術觀
點問題或思想認識問題。

堅持和完善黨對人民軍隊的
絕對領導根本制度

人民軍隊是中國特色社會主義的堅強柱石。黨
對人民軍隊的絕對領導是中國特色社會主義的本質特
徵，是黨和國家的重要政治優勢，是人民軍隊的建軍
之本、強軍之魂。黨的十九屆四中全會把「堅持黨指
揮槍」作為我國國家制度和國家治理體系一個顯著優
勢，把「黨對人民軍隊的絕對領導」上升為中國特色
社會主義一項根本制度並作出科學部署，這對於鞏固
黨的執政地位、保證人民當家作主、實現黨和國家長
治久安具有重大而深遠的意義。黨對人民軍隊的絕對

領導根本制度，發軔於南昌起義黨獨立領導新型人民
軍隊的壯舉，奠基於三灣改編「支部建在連上」的創
造，定型於古田會議確立思想建黨、政治建軍原則，
豐富和發展於黨領導人民軍隊進行革命、建設、改革
的偉大實踐。九十多年來，這支人民軍隊經受過各種
考驗，經歷了大大小小幾百場戰爭，之所以艱難奮鬥
而不潰散，屢經挫折越加頑強，高歌猛進決戰決勝，
最根本的就是有黨的堅強領導。沒有這樣一支黨絕對
領導下的人民軍隊，不可能有人民的解放和國家的獨
立。1949 年 3 月 5 日，毛澤東在七屆二中全會上就
說過：「所謂人民共和國就是人民解放軍，蔣介石的
亡國，就是亡了軍隊。」

在新時代，堅持和完善黨對人民軍隊的絕對領導
根本制度，是堅持和完善中國特色社會主義制度、推
進國家治理體系和治理能力現代化的重要組成部分，
也是實現中國夢和強軍夢的堅強保證。當今世界正經
歷百年未有之大變局，我國正處於實現中華民族偉大

復興關鍵時期。面對強國強軍的時代要求，面對國家
安全環境深刻變化，必須與時俱進豐富和完善黨對人
民軍隊的絕對領導根本制度，這樣才能把黨的政治優
勢和組織優勢轉化為制勝優勢，確保軍事力量建設和
運用更好應對前進中的風險挑戰，更好服從服務於中
華民族偉大復興這個最高利益和根本利益，忠實履行
黨和人民賦予的新時代使命任務。堅持和完善黨對人
民軍隊的絕對領導根本制度，最基本的是軍隊必須無
條件地置於黨的領導之下，在思想上政治上行動上始
終同黨中央、中央軍委保持高度一致，堅決維護黨中
央、中央軍委權威，任何時候任何情況下都堅決聽從
黨中央、中央軍委指揮。這裏最重要的，就是堅持人
民軍隊最高領導權和指揮權屬於黨中央，全面深入貫
徹軍委主席負責制。黨的十九屆四中全會明確提出必
須牢固確立習近平強軍思想在國防和軍隊建設中的指
導地位，全國武裝力量由軍委主席統一領導和指揮，
完善貫徹軍委主席負責制的體制機制，嚴格落實軍委
主席負責制各項制度規定等重大要求舉措。這對於確

保黨對人民軍隊的絕對領導，實現黨在新時代的強軍目標，永葆人民軍隊的性質、宗旨、本色，具有根本作用。

　　歸總起來説，黨的領導根本制度、人民民主專政根本制度、人民代表大會根本制度、馬克思主義在意識形態領域指導地位根本制度、黨對人民軍隊的絕對領導根本制度，在我國國家制度和國家治理體系「四樑八柱」中起着「主樑」和「頂樑柱」作用，從根本上體現了中國特色社會主義的制度優勢。學習貫徹黨的十九屆四中全會精神，就要牢固樹立「根本制度」意識，任何時候任何情況下都只能鞏固而不能動搖根本制度，只能完善而不能削弱根本制度。

（原載《學習時報》2019 年 11 月 29 日）

堅持和完善中國特色社會主義基本制度

　　中國特色社會主義基本制度，就是那些體現我國社會主義性質，規定着國家政治生活、經濟生活基本原則，對國家經濟社會發展具有重大影響的制度。貫徹落實黨的十九屆四中全會精神，需要堅持和完善以下中國特色社會主義基本制度。

堅持和完善中國共產黨領導的多黨合作和政治協商基本政治制度

中國共產黨領導的多黨合作和政治協商基本政治制度，是近代以來中國人民長期奮鬥歷史邏輯、理論邏輯、實踐邏輯的必然結果，是我國社會主義政治制度的特有形式和獨特優勢，是中國共產黨、中國人民和各民主黨派、無黨派人士的偉大政治創造。這一基本政治制度，能夠真實、廣泛、持續代表和實現最廣大人民根本利益、全國各族各界根本利益，有效避免舊式政黨制度代表少數人、少數利益集團的弊端；能夠把各個政黨和無黨派人士緊密團結起來為着共同目標而奮鬥，既有效防止了一黨執政缺乏監督的問題，更有效避免了西方多黨制必然導致的彼此排斥傾軋、相互惡性競爭的弊端；還能夠通過制度化、程序化、規範化的安排廣泛集中各種意見和建議、推動決策科學化民主化，有效避免舊式政黨制度囿於黨派利益、階級利益、區域和集團利益而進行決策施政導致社會

撕裂的弊端。總起來說，這一基本政治制度充分彰顯共產黨領導、多黨派合作，共產黨執政、多黨派參政的顯著特徵，反映了我國人民當家作主的社會主義民主的本質。正如習近平總書記指出的，中國共產黨領導的多黨合作和政治協商制度作為我國一項基本政治制度，不僅符合當代中國實際，而且符合中華民族一貫倡導的天下為公、兼容並蓄、求同存異等優秀傳統文化，是對人類政治文明的重大貢獻。

我國憲法明確規定：「中國共產黨領導的多黨合作和政治協商制度將長期存在和發展。」黨的十九屆四中全會對堅持和完善這一基本政治制度，既明確了必須牢牢堅持的重大原則，又作出了新的制度設計和安排。貫徹落實全會要求，必須切實貫徹長期共存、互相監督、肝膽相照、榮辱與共的方針，加強中國特色社會主義政黨制度建設，充分發揮民主黨派和無黨派人士的參政議政和民主監督作用，健全相互監督特別是中國共產黨自覺接受監督、對重大決策部署貫徹

落實情況實施專項監督等機制，完善民主黨派中央直接向中共中央提出建議制度，完善支持民主黨派和無黨派人士履行職能方法，展現我國新型政黨制度優勢。

　　人民政協是中國共產黨領導的多黨合作和政治協商制度的重要機構，是實行我國新型政黨制度的重要政治形式和組織形式。各級人民政協應支持各民主黨派和無黨派人士在政協參與國家重大方針政策討論協商，對各民主黨派以本黨派名義在政協發表意見、提出建議等作出機制性安排，切實為民主黨派履職創造條件。黨的十八大以來，各級人民政協健全以全體會議為龍頭，以專題議政性常務委員會會議和專題協商會、協商座談會等為重點的政協協商議政格局，取得重大進展和成績。應乘勢推進，不斷完善發展。特別要支持各民主黨派和無黨派人士在政治協商中對國家大政方針和地方重要舉措以及經濟、政治、文化、社會、生態文明等方面的重要問題，充分協商討論，提

出意見、批評和建議。政協常務委員會會議等其他議政和工作方式，也應完善對各黨派參加政協工作的共同性事務、政協內部重要事務等的協商和監督，充分發揮好民主黨派作用。

堅持和完善民族區域自治基本政治制度民族區域自治基本政治制度，就是在國家統一領導下，各少數民族聚居的地方實行區域自治，設立自治機關，行使自治權的制度。這一基本政治制度是中國共產黨解決我國民族問題的創造性制度安排。

中國自古以來就是一個統一的多民族國家，各民族共同開拓了中國的遼闊疆域、共同書寫了悠久的中國歷史、共同創造了燦爛的中華文化、共同孕育了偉大的中華民族精神。中華民族多元一體格局、中國多民族大一統格局，是我國五千多年文明發展史遺留和傳承下來的寶貴政治財富，也是我國發展進步的巨大優勢。中國共產黨把馬克思主義民族

理論同我國統一的多民族國家的國情結合起來，創造
性地探索出了解決中國民族問題的正確道路，形成了
在少數民族聚居地方實行民族區域自治制度這一獨特
形式。

　　我國實行民族區域自治制度，始終受到憲法和
法律的有力保障。1949 年，民族區域自治制度在具
有臨時憲法性質的《中國人民政治協商會議共同綱
領》中得到確立。1954 年召開的第一屆全國人民代
表大會，把民族區域自治制度載入了《中華人民共和
國憲法》。2001 年修正的《中華人民共和國民族區
域自治法》，把民族區域自治制度明確規定為國家的
一項基本政治制度。黨的十九大把堅持和完善民族區
域自治制度，上升為新時代堅持和發展中國特色社會
主義的一條基本方略。黨的十九屆四中全會把「堅持
各民族一律平等，鑄牢中華民族共同體意識，實現共
同團結奮鬥、共同繁榮發展」作為我國國家制度和國
家治理體系的一個顯著優勢，並且對新時代堅持和完

善民族區域自治制度作出了安排部署。目前，我國共有五個自治區、三十個自治州、一百二十個自治縣（旗），還有將近一千個民族鄉作為民族區域自治的重要補充形式，我國民族區域自治制度不斷豐富、完善和發展。實踐充分證明，民族區域自治制度符合我國國情，在維護國家統一、領土完整，在加強民族平等團結、促進民族地區發展、增強中華民族凝聚力等方面都起到了重要作用。貫徹落實全會部署，就要牢固樹立制度自信，在任何時候都要堅定不移走中國特色解決民族問題的正確道路，在任何時候都要堅持並不斷完善民族區域自治制度。

堅持和完善民族區域自治制度，首先要堅持各民族一律平等，堅持各民族共同團結奮鬥、共同繁榮發展，保證民族自治地方依法行使自治權，保障少數民族合法權益，鞏固和發展平等團結互助和諧的社會主義民族關係。要始終堅持中國共產黨的全面領導，堅持統一和自治相結合、民族因素和區域因素相結合，

堅持依法治國，促進各民族和睦相處、和衷共濟、和諧發展，共同實現中華民族偉大復興。其次要堅持不懈開展馬克思主義祖國觀、民族觀、文化觀、歷史觀宣傳教育，不斷增強各民族群眾對偉大祖國、中華民族、中華文化、中國共產黨、中國特色社會主義的認同，打牢中華民族共同體思想基礎。還要全面深入持久開展民族團結進步創建，加強各民族交往交流交融。其三要支持和幫助民族地區加快發展，把政策動力和內生潛力有機結合起來，發揮中央、發達地區、民族地區三個積極性，對邊疆地區、貧困地區、生態保護區實行差別化的區域政策，優化轉移支付和對口支援體制機制，實施好促進民族地區和人口較少民族發展、興邊富民行動等規劃，重點抓好就業和教育，抓好資源優勢惠及當地和保護生態，抓好特困地區和特困群體脫貧，抓好基礎設施和對外開放，不斷提高各族群眾生活水平。

堅持和完善基層群眾自治基本政治制度

　　基層群眾自治基本政治制度，就是人民群眾在黨的領導下對農村村級、城市社區公共事務和公益事業以及企事業單位實行民主管理的制度。這項制度始於新中國成立後我國城市建立的居民委員會。1982年，城市居民委員會和農村村民委員會被一起寫進憲法。1989年、1998年先後通過《中華人民共和國城市居民委員會組織法》《中華人民共和國村民委員會組織法》，1992年黨的十四大首次把我國基層民主制度形式確定為農村村民委員會、城市居民委員會和企業職工代表大會，此後逐步形成了以村委會、居委會和職代會為主要內容的基層群眾自治基本政治制度。

　　村民自治是廣大農民直接行使民主權利、依法辦理自己事情的一項制度，憲法規定了村民委員會作為農村基層群眾性自治組織的法律地位。城市居民委

員會是我國城市基層群眾性自治組織，也是在城市基層實現直接民主的重要形式。村民自治和城市居民自治，在中國共產黨領導下實現民主選舉、民主決策、民主管理和民主監督，實現自我管理、自我服務、自我教育、自我監督，通過所設立的人民調解、治安保衛、公共衛生等委員會，辦理本居住地區的公共事務和公益事業，調解民間糾紛，協助維護社會治安，並且向人民政府反映群眾的意見、要求和提出建議。職工代表大會制度，是保證職工對企事業單位實行民主管理的制度，是企事業單位職工參與管理，保證自身知情權、參與權、表達權、監督權，維護自身合法權益的基本制度形式。由村民自治、城市居民自治、企事業單位職工代表大會為主要內容的我國基層群眾自治基本政治制度，有機銜接人民代表大會根本政治制度、中國共產黨領導的多黨合作和政治協商基本政治制度、民族區域自治基本政治制度，共同構成人民當家作主制度體系，從而使我國人民當家作主這一國家性質、國家制度不僅體現在國家事務層面、體現在經

濟和文化事業層面，而且體現在社會事務層面；不僅
體現在人民代表制民主層面，也體現在基層直接民主
層面。這一切，有力彰顯了我國社會主義民主的顯著
優勢和獨有特色，充分展現了我國社會主義民主的廣
泛性和真實性。

　　黨的十八大以來，隨着我國工業化、城鎮化快速
發展，我國城鄉利益格局深刻調整，城市和農村社會
管理出現一系列新問題。黨的十九屆四中全會從新的
實際出發，明確提出了健全基層群眾自治制度的新要
求新任務。一要健全基層黨組織領導的基層群眾自治
機制。推動城鄉社區黨組織書記通過法定程序擔任村
（居）民委員會主任，村（居）兩委班子交叉任職，
使共產黨員在村（居）委會成員和村（居）民代表中
佔到具有控制力的比例，把基層黨組織領導作用體現
到基層群眾自治的各方面各領域各環節。二要着力推
進基層直接民主制度化、規範化、程序化。建立健全
相關制度，保證村（居）民群眾選人用人權，落實民

主選舉，能夠公開、公平、公正選人。建立健全議事協商決策制度和機制，保證村（居）民群眾對村（居）重大事務的討論決定權。三要健全以職工代表大會為基本形式的企事業單位民主管理制度。探索企業職工參與管理的有效方式，保障職工群眾的知情權、參與權、表達權、監督權，維護職工合法權益。

堅持和完善社會主義基本經濟制度

社會主義基本經濟制度主要包括生產資料所有制、分配方式和資源配置方式三個基本要素，是經濟制度體系中具有長期性和穩定性的部分，對經濟制度屬性和經濟發展方式具有決定性影響。新中國成立後，我們面對的情況，既不是馬克思主義創始人設想的在資本主義高度發展的基礎上建設社會主義，也不完全相同其他社會主義國家，這就必須把馬克思主義基本原理同中國具體實際相結合，在實踐中開闢有中國特色的社會主義道路，建立健全有中國特色的

社會主義基本經濟制度。在這個問題上，我們黨做過有益探索，取得過歷史性成就，也經歷過曲折失誤。黨的十一屆三中全會以來，我們黨深刻總結國內外正反兩方面經驗，從我國社會主義初級階段的基本國情出發，解放思想、實事求是，實現了從單一的公有制經濟向公有制為主體、多種所有制經濟共同發展的轉變，實現了從單一的按勞分配方式向按勞分配為主體、多種分配方式並存的轉變，實現了從高度集中的計劃經濟體制向市場在資源配置中起決定性作用、更好發揮政府作用的社會主義市場經濟體制的轉變，極大地解放和發展了社會生產力，極大地增強了社會活力，創造了世所罕見的經濟快速發展奇跡和社會長期穩定奇跡。黨的十九屆四中全會從國家制度和國家治理體系層面，把「堅持公有制為主體、多種所有制經濟共同發展和按勞分配為主體、多種分配方式並存，把社會主義制度和市場經濟有機結合起來，不斷解放和發展社會生產力」作為中國特色社會主義制度的一個顯著優勢，還把按勞分配為主體、多種分配方式並

存和社會主義市場經濟體制上升為社會主義基本經濟
制度。這是對社會主義基本經濟制度作出的新概括，
是對社會主義基本經濟制度內涵作出的重大拓展和深
化，也是用制度形態對改革開放四十多年來我國經濟
體制改革偉大實踐成果和巨大成就的充分肯定，具有
重大理論意義和實踐意義。

　　中國特色社會主義進入了新時代，但我國處於
並將長期處於社會主義初級階段的基本國情沒有變，
我國仍然是世界上最大的發展中國家的國際地位沒有
變。經濟建設仍然是黨和國家一切工作的中心，解放
和發展社會生產力仍然是黨和國家的根本任務，聚精
會神搞建設、一心一意謀發展仍然是我們黨執政興國
的第一要務。這就要求我們按照黨的十九屆四中全會
的部署，全面貫徹黨的基本理論、基本路線、基本方
略，始終堅持以經濟建設為中心，一如既往把發展作
為第一要務，繼續堅定不移全面深化改革。習近平總
書記指出：「經濟基礎決定上層建築。經濟體制改革

對其他方面改革具有重要影響和傳導作用，重大經濟體制改革的進度決定着其他方面很多體制改革的進度，具有牽一髮而動全身的作用。」總書記還指出：「在全面深化改革中，我們要堅持以經濟體制改革為主軸，努力在重要領域和關鍵環節改革上取得新突破，以此牽引和帶動其他領域改革，使各方面改革協同推進、形成合力，而不是各自為政、分散用力。」我們要認真貫徹落實習近平總書記的要求，在整體推進黨的十九屆四中全會部署的國家制度和國家治理體系建設十三個方面任務的實踐中，充分發揮以公有制為主體、多種所有制經濟共同發展，按勞分配為主體、多種分配方式並存，社會主義市場經濟體制等社會主義基本經濟制度在整個體制改革和制度建設中的牽引作用，通過經濟體制改革和經濟基礎建設帶動和支撐上層建築的變革和完善，更加充分地體現社會主義制度的優越性和強大活力。

（原載《學習時報》2019 年 12 月 2 日）

堅持和完善中國特色
社會主義重要制度

　　中國特色社會主義重要制度，是由中國特色社
會主義根本制度、中國特色社會主義基本制度派生的
國家治理各領域各方面的主體性制度，具體講就是建
立在根本制度、基本制度之上的關於法律法治、行政
管理、文化建設、民生保障、社會治理、生態文明、
「一國兩制」、對外事務、黨和國家監督等方面的主
體性制度。中國特色社會主義重要制度，連接國家治
理體系的頂層即根本制度、基本制度，向下延伸到社
會生產生活的方方面面，使國家治理的總體要求、總

體目標和一系列政策舉措落實落細，使中國特色社會
主義制度優勢和國家治理體系的功能作用得到充分
發揮。

法治重要制度

建設中國特色社會主義法治體系，建設社會主
義法治國家，是堅持和發展中國特色社會主義的內在
要求。改革開放四十多年來，我們黨堅持把依法治國
作為黨領導人民治理國家的基本方略，把依法執政作
為黨治國理政的基本方式，不斷豐富和完善中國特色
社會主義法治重要制度，為當代中國的發展進步提供
了有力保障。實踐證明，改革發展穩定離不開法治護
航，經濟社會發展有賴於法治賦能，百姓平安福祉靠
的是法治守衛。

法律是最重要的制度形式，也是制度的最高形
式。堅持和完善中國特色社會主義法治重要制度，就

要全面推進科學立法、嚴格執法、公正司法、全民守法制度建設和黨內法規制度建設。在立法方面，要不斷提高立法質量和立法效率，不斷完善法律、行政法規、地方性法規以及與之相配套的制度規定，加快形成完備的法律制度體系，為全面依法治國提供基本依據。在執法方面，要堅持有法必依、執法必嚴、違法必究，嚴格規範公正文明執法，規範執法自由裁量權，加大關係群眾切身利益的重點領域執法力度。在司法方面，要深化司法體制綜合配套改革，完善審判制度、檢察制度，全面落實司法責任制，完善律師制度，加強對司法活動的監督，加快形成高效的法治實施制度體系，確保法律法規全面有效實施。在守法方面，要加大全民普法工作力度，增強全民法治觀念，完善公共法律服務體系，夯實依法治國群眾基礎。在黨內法規制度方面，要堅持黨規黨紀嚴於國家法律，注重黨內法規同國家法律相銜接相協調，加快形成完善的黨內法規制度體系，充分發揮依規治黨對依法治國的引領和保障作用。要抓緊完善立法、執法、司法

權力運行制約和監督機制，加強黨內監督、人大監督、行政監督、民主監督、司法監督、審計監督、社會監督和輿論監督制度建設，加快形成嚴密的法治監督制度體系，增強監督的合力和實效。

堅持和完善中國特色社會主義政府治理重要制度

政府治理體系承擔着按照黨和國家決策部署推動經濟社會發展、管理社會事務、服務人民群眾的重大職責，是國家制度和國家治理體系的重要組成部分。黨的十九屆四中全會把「堅持和完善中國特色社會主義行政體制，構建職責明確、依法行政的政府治理體系」作為國家制度和國家治理體系建設的重大任務，反映了推進國家治理體系和治理能力現代化的必然要求。

在新時代，堅持和完善中國特色社會主義政府治

理重要制度，一要完善國家行政體制，以推進國家機構職能優化協同高效為着力點，以國家治理體系和治理能力現代化為導向，優化行政決策、行政執行、行政組織、行政監督體制，健全部門協調配合機制，防止政出多門、政策效應相互抵消。

二要優化政府職責體系，健全相關的制度和機制，完善政府經濟調節、市場監管、社會管理、公共服務、生態環境保護等職能，實行政府權責清單制度，釐清政府和市場、政府和社會關係，提高政府執行力和公信力，建設人民滿意的服務型政府。

三要優化政府組織結構，推進機構、職能、權限、程序、責任法定化，使政府機構設置更加科學、職能更加優化、權責更加協同，有效履行國家行政管理職能。

四要健全充分發揮中央和地方兩個積極性體制

機制，理順中央和地方權責關係，加強中央宏觀事務管理，維護國家法制統一、政令統一、市場統一。賦予地方更多自主權，支持地方創造性開展工作。按照權責一致原則，規範垂直管理體制和地方分級管理體制。構建從中央到地方權責清晰、運行順暢、充滿活力的工作體系。

堅持和完善中國特色社會主義文化重要制度

中國特色社會主義文化是國家治理體系和治理能力現代化的深厚支撐。在五千多年文明發展中孕育的中華優秀傳統文化，在中國共產黨和中國人民偉大鬥爭中孕育的革命文化和社會主義先進文化，積澱着中華民族最深層的精神追求，代表着中華民族獨特的精神標識。弘揚中國特色社會主義文化，不僅要靠教育引導和實踐養成，而且要靠制度和體制機制來保障。

　　這就必須堅持和完善以社會主義核心價值觀引領文化建設制度。首先要堅持中國特色社會主義共同理想，大力弘揚以愛國主義為核心的民族精神和以改革創新為核心的時代精神，引導人們深刻認識實現中華民族偉大復興的現實基礎和光明前景，堅定「四個自信」。還要堅持依法治國和以德治國相結合，完善弘揚社會主義核心價值觀的法律政策體系，把核心價值觀要求融入法治建設和社會治理，滲透到精神文化產品創作生產傳播全過程，增進人們對核心價值觀的認同和踐行。

　　這就必須健全人民文化權益保障制度。一方面，要堅持以人民為中心的工作導向，完善文化產品創作生產傳播的引導激勵機制，推動廣大文化文藝工作者把最好的精神食糧奉獻給人民。另一方面，要完善城鄉公共文化服務體系，優化城鄉文化資源配置，推動基層文化惠民工程擴大覆蓋面、增強實效性，鼓勵社會力量參與公共文化服務體系建設。

這就必須完善堅持正確導向的輿論引導工作機制。牢牢堅持團結穩定鼓勁，正面宣傳為主，唱響主旋律、弘揚正能量，將正確導向貫穿輿論工作各方面各環節，落實到每一名輿論工作者行動上，提高新聞輿論的傳播力、引導力、影響力、公信力。

這就必須建立健全把社會效益放在首位、社會效益和經濟效益相統一的文化創作生產體制機制。要引導各類文化創作主體自覺講品位、講格調、講責任，努力做到「兩個效益」相統一、雙豐收，在造福社會、造福人民中實現文化理想和價值。

堅持和完善統籌城鄉的民生保障重要制度

堅持和完善統籌城鄉的民生保障制度，是踐行黨的全心全意為人民服務根本宗旨的具體體現，是適應我國社會主要矛盾轉化、滿足人民對美好生活需要的必然選擇。我們既要緊緊抓住人民群眾最關心最直接

最現實的利益問題，盡力而為、量力而行；又要注重加強普惠性、基礎性、兜底性民生建設；還要不斷創新公共服務提供方式，滿足人民多層次多樣化需求。

首先要健全有利於更充分更高質量就業的促進機制。健全公共就業服務和終身職業技能培訓制度，完善城鄉均等的公共就業服務體系和重點群眾就業支持體系，建立促進創業帶動就業、多渠道靈活就業機制，形成政府激勵創業、社會支持創業、勞動者勇於創業的格局，促進廣大勞動者實現體面勞動、全面發展。

其二要構建服務全民終身學習的教育體系。全面貫徹黨的教育方針，推動城鄉義務教育一體化發展，加強農村義務教育，健全學前教育、特殊教育和普及高中階段教育保障制度，完善職業技術教育、高等教育、繼續教育統籌協調發展機制，支持和規範民辦教育、合作辦學，建設學習型社會。

其三要完善覆蓋全民的社會保障體系。健全統籌城鄉、可持續的基本養老保險制度、基本醫療保險制度，加快建立基本養老保險全國統籌制度，加快落實社保轉移接續、異地就醫結算制度，健全退役軍人工作體系和保障制度，努力做到應保盡保。

其四要強化提高人民健康水平的制度保障。健康是民族昌盛和國家富強的重要標誌。要堅持關注生命全週期、健康全過程，完善國民健康政策，深化醫藥衛生體制改革，加快現代醫院管理制度改革，讓廣大人民群眾享有公平可及、系統連續的健康服務。

堅持和完善共建共治共享的
社會治理重要制度

堅持和完善共建共治共享的社會治理重要制度，是堅持和完善中國特色社會主義制度、推進國家治理體系和治理能力現代化的重要任務。總的目標，是完

善黨委領導、政府負責、民主協商、社會協同、公眾參與、法治保障、科技支撐的社會治理體系，建設人人有責、人人盡責、人人享有的社會治理共同體，確保人民安居樂業、社會安定有序，建設更高水平的平安中國。

夯實正確處理新形勢下人民內部矛盾有效機制，是保持社會安定團結的關鍵。要堅持和發展新時代「楓橋經驗」，暢通和規範群眾訴求表達、利益協調、權益保障通道，完善信訪制度，完善社會矛盾糾紛多元預防調處化解綜合機制，努力將矛盾化解在基層。

完善社會治安防控體系，是提高動態化、信息化條件下駕馭社會治安局勢能力的基礎工程。要堅持專群結合、群防群治，織密社會治安的天羅地網。提高社會治安主體化、法治化、專業化、智能化水平，增強社會治安防控的整體性、協同性、精準性。

　　健全公共安全體制機制，事關改革發展穩定大局。要完善和落實安全生產責任和管理制度，健全公共安全隱患排查和安全預防控制體系，健全風險防範化解機制。構建統一指揮、專常兼備、反應靈敏、上下聯動的應急管理體制，全面提高應急管理能力和水平。

　　構建基層社會治理新格局，是我國社會治理的基礎和重心。要推動社會治理和服務重心向基層下移，把更多資源、服務、管理下沉到基層，健全黨組織領導的自治、法治、德治相結合的城鄉基層治理體系，健全社區管理和服務機制，更好提供精準化、精細化服務。

　　完善國家安全體系，維護國家安全，是我們黨治國理政一條重要經驗。要堅持總體國家安全觀，以人民安全為宗旨，以政治安全為根本，以經濟安全為基礎，以軍事、科技、文化、社會安全為保障，健全

國家安全體系，增強國家安全能力，堅決維護國家主
權、安全和發展利益。

堅持和完善生態文明重要制度

　　生態文明建設是關係中華民族永續發展的千年大
計，是實現中華民族偉大復興的戰略安排。黨的十八
大以來，以習近平同志為核心的黨中央把生態文明建
設擺在現代化建設全域位置，堅定貫徹新發展理念，
不斷深化生態文明體制改革，加強制度創新，開創了
生態文明建設新局面。實踐證明，生態文明建設是一
場涉及生產方式、生活方式和價值觀念的革命性變
革，必須有一整套完備、穩定、管用的制度體系來保
障，着力破解制約生態文明建設的體制機制障礙。

　　自然生態系統各要素之間具有相互依存、相互制
約、相互影響的內在關聯，生態文明建設不能頭痛醫
頭、腳痛醫腳，必須全方位、全地域、全過程加強生

態保護，必須遵循生態系統內在的機理和規律，進行整體保護、系統修復和綜合治理。這就必須從「五位一體」總體佈局高度對堅持和完善生態文明重要制度作出系統安排。既要加強「源頭嚴防」，堅持人與自然和諧共生，堅守尊重自然、順應自然、保護自然的理念，實行最嚴格的生態環境保護制度，健全從源頭預防的生態環境保護體系；又要加強「過程嚴管」，全面建立資源高效利用制度，健全生態保護和修復制度，築牢生態安全的堅實屏障；還要做到「後果嚴懲」，建立生態文明建設目標評價考核制度，推進生態環境保護綜合行政執法，嚴明生態環境保護責任制度，對破壞生態環境的行為嚴懲重罰、對造成嚴重後果的人員追究責任。如此統籌兼顧、整體施策、多措並舉，切實把生態文明重要制度的合力充分發揮出來，建設美麗中國就有了更為堅實的制度保障。

堅持和完善「一國兩制」重要制度

　　「一國兩制」是中央治理香港、澳門兩個特別行政區的基本制度，也是解決台灣問題、實現祖國和平統一的重要制度。香港回歸二十二年、澳門回歸二十年的歷史表明，「一國兩制」是中國特色社會主義一個偉大創舉，是香港、澳門保持長期繁榮穩定的最佳制度安排。

　　堅持和完善「一國兩制」重要制度，首先要全面準確理解和貫徹「一國兩制」方針，堅持「一國」是實行「兩制」的前提和基礎，「兩制」從屬和派生於「一國」並統一於「一國」之內，絕不容忍任何挑戰「一國兩制」底線的行為，絕不容忍任何分裂國家的行為。同時，要把堅持「　國」原則和尊重「兩制」差異、維護中央對特別行政區全面管治權和保障特別行政區高度自治權、發揮祖國內地堅強後盾作用和提高特別行政區自身競爭力結合起來，根據新的實踐和

需要完善特別行政區的相關制度和機制，在實踐中堅持和完善「一國兩制」。

　　健全中央依照憲法和基本法對特別行政區行使全面管治權的制度，是堅持和完善「一國兩制」的根本要求。憲法和基本法共同構成特別行政區政權架構、政治運作、法律制度、社會治理的憲制基礎，共同確立了特別行政區的憲制秩序。全面準確貫徹「一國兩制」方針，關鍵就是要嚴格按照憲法和基本法對特別行政區實行管治，建立健全特別行政區維護國家安全的法律制度和執行機制，健全特別行政區行政長官對中央負責的制度。堅決防範和遏制外部勢力干預港澳事務和進行分裂、顛覆、滲透、破壞活動，確保香港、澳門長治久安。

　　堅定推進祖國和平統一進程、完成祖國統一大業，是中華民族偉大復興的必然要求。解決台灣問題，實現祖國完全統一，是全體中華兒女共同願望，

是中華民族根本利益所在。要堅持黨對對台工作的集中統一領導，充分發揮中國特色社會主義制度優勢，奮發有為做好新時代對台工作，堅定推進祖國和平統一進程。

堅持和完善外事工作重要制度

外事工作在黨治國理政全部工作中居於極為重要的位置，外事工作制度在中國特色社會主義制度體系中是極為重要的組成部分。黨的十八大以來，以習近平同志為核心的黨中央主動謀劃、開拓進取，走出了一條中國特色大國外交新路，對外工作取得歷史性成就。

當今世界正經歷百年未有之大變局，我國正處於實現中國民族偉大復興關鍵時期。在新的形勢下，堅持和完善外事工作重要制度，就是要高舉和平、發展、合作、共贏的旗幟，統籌國際國內兩個大局，統

籌發展安全兩件大事，牢牢把握堅持和平發展、促進民族復興這條主線，維護國家主權、安全、發展利益，為和平發展營造更加有利的國際環境，為實現「兩個一百年」奮鬥目標、實現中華民族偉大復興的中國夢提供有力保障。

堅持和完善外事工作重要制度，最根本的是健全黨對外事工作領導體制機制，加強黨中央對外事工作的集中統一領導。堅持外交大權在黨中央，深入推進對外工作體制機制改革，統籌協調黨、人大、政府、政協、軍隊、地方、人民團體等的對外交往，統籌協調駐外機構各方面各領域工作，加強黨總攬全域、協調各方的對外工作大協同格局，確保黨中央外交大政方針和戰略部署貫徹落實。中央外事工作委員會作為黨中央外事工作的決策議事協調機構，負責對外工作領域重大工作的頂層設計、總體佈局、統籌協調、整體推進、督促落實。習近平總書記在主持召開中央外事工作委員會第一次會議時強調，中央外事工作

委員會要發揮決策議事協調作用，推動外交理論和實踐創新，提高把方向、謀大局、定政策能力，抓好重點工作的推進、檢查、督辦，為外事工作不斷開創新局面提供有力指導。要在中央外事工作委員會集中統一領導下，統籌做好地方外事工作，從全域高度集中調度、合理配置各地資源，有目標、有步驟推進相關工作。

堅持和完善黨和國家監督重要制度

黨和國家監督體系是黨在長期執政條件下實現自我淨化、自我完善、自我革新、自我提高的重要制度保障。世界上一些大黨老黨之所以喪權亡黨，一個重要原因就是忽視、缺乏監督制約。我們黨的歷史也表明，甚麼時候監督制約搞得科學有效，能夠及時發現和解決問題，甚麼時候黨內政治生態就比較清朗，黨和國家事業發展就比較順利。黨的十八大以來，黨中央從政治和全域高度推進監督體

制改革並取得顯著成效，初步形成黨和國家監督體系總體框架。黨的十九屆四中全會第一次明確了黨和國家監督體系在中國特色社會主義制度和國家治理體系中的重要定位，明確提出必須健全黨統一領導、全面覆蓋、權威高效的監督體系，表明我們黨對長期執政條件下勇於進行自我革命的認識達到一個新的高度。

堅持和完善黨和國家監督重要制度，涉及各級各類監督主體、監督制度，是一項複雜的系統工程。最基本、第一位的任務，就是完善黨內監督體系，重點加強對高級幹部、各級主要領導幹部的監督，強化政治監督、深化紀檢監察體制改革、完善派駐監督體制機制，以黨內監督為主導，推動各類監督有機貫通、相互協調，增強監督合力。還要完善權力配置和運行制約機制，堅持權責法定、權責透明、權責統一，嚴格執行一系列強化監督的規定，切實防止權力濫用。再就是要構建一體化推進不敢腐、不能腐、不想腐體

制機制，堅定不移推進反腐敗鬥爭，深化標本兼治，鞏固和發展反腐敗鬥爭壓倒性勝利。

制度的生命力在於執行。堅持和完善中國特色社會主義重要制度，乃至堅持和完善中國特色社會主義根本制度、基本制度，既要在建制度、立規矩上下功夫，更要在抓落實、抓執行上下氣力，真正讓鐵規發力，讓禁令生威，切實推動制度優勢轉化為治理效能。

（原載《學習時報》2019 年 12 月 6 日）

為推進國家治理體系和 治理能力現代化貢獻力量

　　黨的十九屆四中全會審議通過的《中共中央關於堅持和完善中國特色社會主義制度、推進國家治理體系和治理能力現代化若干重大問題的決定》，系統闡述了堅持和完善中國特色社會主義制度、推進國家治理體系和治理能力現代化的重大意義、總體要求、科學內涵、主要任務、實踐途徑，從制度形態科學回答了新時代堅持和發展甚麼樣的中國特色社會主義、怎樣堅持和發展中國特色社會主義的根本問題，是彙集全黨智慧形成的又一項具有里程碑意義的重大理論創

新成果和制度創新成果，豐富和發展了馬克思主義國家學說。深入學習貫徹黨的十九屆四中全會精神，是全黨全國一項重大政治任務。

中國特色社會主義制度是馬克思主義基本原理同中國具體實際相結合的產物，是我們黨領導人民推進理論創新、實踐創新、制度創新的成果，是人類制度文明史上的偉大創造。新中國成立七十年來，中華民族之所以能迎來從站起來、富起來到強起來的偉大飛躍，最根本的是因為黨領導人民建立和完善了中國特色社會主義制度，不斷加強和完善國家治理，使我國國家制度和國家治理體系在國際競爭中贏得越來越大的比較優勢，展現出強大的生機活力。中國的實踐充分證明，治理一個國家，推動一個國家實現現代化，並不是只有西方制度模式這一條道路，各國完全可以走出自己的道路來。包括制度形態在內的中國特色社會主義現代化道路，向世界展示了現代化道路的多樣性、人類文明的豐富性，對發展中國家具有現實的啟

迪和借鑒意義。特別是中國特色社會主義的巨大成功，使社會主義同資本主義的較量形成「東升西降」的新態勢。與「西方之亂」相比，「中國之治」及其展現的中國共產黨的治理能力，受到世界廣泛關注。可以説，在人類文明發展史上，除了中國特色社會主義制度和國家治理體系外，沒有任何一種國家制度和國家治理體系能夠在這樣短的歷史時期內，創造出我國取得的經濟快速發展、社會長期穩定的奇跡。我們學習貫徹黨的十九屆四中全會精神，一定要增強中國特色社會主義制度自信，推動我國國家制度和國家治理體系多方面的顯著優勢更加充分地發揮出來。

中國特色社會主義制度是一個嚴密完整的科學制度體系，起「四樑八柱」作用的是根本制度、基本制度、重要制度。所謂根本制度，是指那些反映中國特色社會主義制度本質內容和根本性特徵、體現中國特色社會主義質的規定性的制度，是立國的根本。如

黨的領導制度、人民代表大會制度、馬克思主義在意
識形態領域指導地位的根本制度、黨對人民軍隊的絕
對領導制度等。所謂基本制度，是指那些體現我國社
會主義性質、框定國家基本形態、規範國家政治關係
和經濟關係的制度。如中國共產黨領導的多黨合作和
政治協商制度、民族區域自治制度、基層群眾自治制
度、社會主義基本經濟制度等。所謂重要制度，是指
那些由根本制度、基本制度派生的國家治理各領域各
方面的主體性制度。如經濟、政治、文化、社會、生
態文明、軍事、外事等領域的主體性制度。黨的十九
屆四中全會把中國特色社會主義制度明確為根本制
度、基本制度、重要制度，堅持根本制度、基本制
度、重要制度相銜接，統籌制度改革和制度運行相統
一，規定了堅持和完善中國特色社會主義制度這一根
本方向，又從改革發展穩定、內政外交國防、治黨治
國治軍等方面提出了完善制度、提高制度執行力的重
要任務和舉措，標誌着我國國家制度和國家治理體系
更加系統化、整體化、規範化。

　　中國共產黨領導是中國特色社會主義最本質的特徵，是中國特色社會主義制度的最大優勢。在我國國家治理體系中，中國共產黨是最高政治領導力量，黨的領導制度是黨和國家各領域各方面制度的「綱」，是中國特色社會主義制度「四樑八柱」的「主樑」，處於統籌、統領、統帥的地位。黨的十九屆四中全會把堅持和完善黨的領導制度體系，提高黨科學執政、民主執政、依法執政水平，放在堅持和完善中國特色社會主義制度、推進國家治理體系和治理能力現代化的首要位置，突出了黨的領導制度在國家制度和國家治理體系中的統領地位，而且首次從六個方面闡述了堅持和完善黨的領導制度體系的基本要素，從指導思想到重大觀點再到具體措施，都體現了堅持和加強黨的領導的要求。這些新概括新規定，抓住了國家制度建設和國家治理的關鍵和根本，有利於使黨的領導制度化、具體化、規範化，確保把黨的領導落實到國家治理的各領域各環節各方面。我們學習貫徹黨的十九屆四中全會精神，就要進一步深化對堅持和加強黨的

全面領導的認識，健全和完善黨的領導制度體系，增強「四個意識」，堅定「四個自信」，做到「兩個維護」，自覺在思想上政治上行動上同以習近平同志為核心的黨中央保持高度一致。

（本文是在首屆國家治理現代化論壇、第八屆中國行政改革論壇上的致辭，

原載《行政改革內參》2019 年第 12 期）

發揮制度優勢
推進應急管理現代化

　　新中國成立七十年來，中國共產黨團結帶領中國各族人民充分發揮我國社會主義制度能夠集中力量辦大事的政治優勢，建立健全與我國國情相適應的中國特色應急管理體系並取得歷史性成就，我國應急管理能力顯著提升。我們確立了「居安思危、預防為主」的方針，明確了「預防與應急並重、常態與非常態結合」的原則。我們制定出台了《突發事件應對法》等一系列法律法規和規章制度，編制了《國家突發公共事件總體應急預案》等大量應急預案，應急管理工作

基本做到有章可循、有法可依。我們初步建立了統一領導、綜合協調、分類管理、分級負責、屬地管理為主的應急管理體制，形成了黨委領導、政府負責、多方配合、全社會參與的應急管理工作格局。我們不斷推進風險防範、應急準備、監測預警、信息報告、決策指揮、協調聯動、輿論引導、調查評估、恢復重建等工作，初步形成了統一指揮、反應靈敏、協調有序、運轉高效的應急管理機制。我們按照在現代複雜條件下有效應對突發事件的要求，全面加強應急隊伍、物資、經費、交通、通信建設以及全社會公共安全意識教育，應急保障水平明顯提高。我們本着開放合作的態度，積極參與防災減災救災領域的國際合作，建立和完善國際防災減災救災合作機制，加強國際防災減災救災能力建設，受到國際社會好評。

特別是黨的十八大以來，以習近平同志為核心的黨中央把應急管理工作擺在更加突出的位置，對新時

代全面加強應急管理、有效維護社會穩定和國家安全做出一系列重大決策部署，推動我國應急管理事業邁進新的歷史發展階段，開闢了中國特色應急管理理論和實踐的新境界。

一是推進應急管理理論創新，把「堅持總體國家安全觀」作為新時代堅持和發展中國特色社會主義的一個基本方略，進一步確立了安全發展的理念和「生命至上、安全第一」的思想。

二是推進應急管理體制改革，對應急管理相關職責進行整合，組建了各級應急管理部門，推動突發事件應對工作的綜合管理、全過程管理和應急力量資源的優化管理，增強了應急管理工作的系統性、整體性、協同性。

三是不斷推進應急管理法律體系建設，制定修訂《國家安全法》《網絡安全法》《安全生產法》《反恐怖

主義法》《生產安全事故應急條例》等法律法規，印發了《關於推進安全生產領域改革發展的意見》《關於推進防災減災救災體制機制改革的意見》等政策文件。

四是立足國情和災害事故特點，積極適應「全災種」救援需要，組建國家綜合性消防救援隊伍，推進新時代國家應急救援體系建設，實現從處置「單一災種」向應對「全災種」「大應急」轉變。

五是發揚國際人道主義精神，積極推進應急救援國際交流與合作，有效履行跨境跨國重大救援任務，為構建人類命運共同體作出積極貢獻。

現在，一個中國特色的應急管理體系已經基本形成，並在突發事件應對中發揮了重要作用。

黨的十九屆四中全會審議通過的《中共中央關

於堅持和完善中國特色社會主義制度、推進國家治理體系和治理能力現代化若干重大問題的決定》，全面回答了我國國家制度和國家治理體系應該堅持和鞏固甚麼、應該完善和發展甚麼這個重大政治問題，是一個馬克思主義的政治宣言和行動綱領。應急管理是國家治理體系和治理能力現代化的重要組成部分，加強應急管理體系和應急管理能力建設、有效應對風險挑戰，是推進國家治理體系和治理能力現代化的內在要求。《決定》專門就健全公共安全體制機制做出部署，強調「構建統一指揮、專常兼備、反應靈敏、上下聯動的應急管理體制，優化國家應急管理能力體系建設」，為我們全面推進應急管理體系和應急管理能力現代化提供了根本遵循、指明了努力方向。

我們要深入學習貫徹黨中央和黨的十九屆四中全會關於應急管理的重大決策部署，從實現「兩個一百年」奮鬥目標和中華民族偉大復興中國夢的戰略高度，深刻認識應急管理在新時代國家治理體系和治

理能力現代化中的特殊重要性,增強做好工作的使命感、責任感和光榮感。我們要深刻把握黨的領導是中國特色社會主義最本質的特徵,是中國特色社會主義制度的最大優勢,在黨中央集中統一領導下推進應急管理事業改革發展,把黨的領導落實到應急管理的各領域各方面各環節。我們要深刻把握我國國家制度和國家治理體系的顯著優勢,發揮中國特色社會主義「一方有難、八方支援,全國一盤棋,上下一條心,集中力量辦大事」的政治優勢和組織優勢,運用制度威力應對風險挑戰的衝擊。我們要緊密結合實際,創新和發展中國特色應急管理制度,推進應急管理理論創新、實踐創新、制度創新,走出一條中國特色的應急管理新路子,不斷提高應急管理體系和應急管理能力現代化水平。我們要貫徹全面依法治國新要求,適應應急管理體制機制改革需要,加快應急管理法律法規的制定修訂工作,推進應急預案和標準體系建設,全面建設應急管理法律制度體系。我們要加強國際合作交流,完善和發展國際應急管理合作機制,講好新

時代中國特色應急管理故事，為共同構建普遍安全的
人類命運共同體作出積極貢獻。

（本文是在中國應急管理創新論壇（2019）開幕式上的致辭，

原載《中國應急管理科學》2019 年第 11-12 期）